CW00549710

DATA-MINING-BASIER

SHYLAJA S

DATA-MINING-BASIERTER STREAM-MINING-ANSATZ

EIN AUF STREAM MINING BASIERENDER ANSATZ FÜR DYNAMISCHE UMGEBUNGEN UNTER VERWENDUNG DES K-MEANS++ ALGORITHMUS

ScienciaScripts

Imprint

Any brand names and product names mentioned in this book are subject to trademark, brand or patent protection and are trademarks or registered trademarks of their respective holders. The use of brand names, product names, common names, trade names, product descriptions etc. even without a particular marking in this work is in no way to be construed to mean that such names may be regarded as unrestricted in respect of trademark and brand protection legislation and could thus be used by anyone.

Cover image: www.ingimage.com

This book is a translation from the original published under ISBN 978-620-7-46662-7.

Publisher:
Sciencia Scripts
is a trademark of
Dodo Books Indian Ocean Ltd. and OmniScriptum S.R.L publishing group

120 High Road, East Finchley, London, N2 9ED, United Kingdom
Str. Armeneasca 28/1, office 1, Chisinau MD-2012, Republic of Moldova, Europe

ISBN: 978-620-7-27226-6

Copyright © SHYLAJA S
Copyright © 2024 Dodo Books Indian Ocean Ltd. and OmniScriptum S.R.L publishing group

1 EINFÜHRUNG

1.1 EINFÜHRUNG IN DAS DATA MINING

Beim Data-Mining-Prozess geht es darum, nützliche Informationen aus großen Datenbanken zu extrahieren, und es handelt sich um einen nicht trivialen Prozess der Identifizierung gültiger, neuer, potenziell nützlicher und verständlicher Muster in den Daten. Beim Data Mining gibt es zwei Hauptkategorien: prädiktive und deskriptive Aufgaben. Deskriptive Mining-Aufgaben beschreiben die allgemeinen Eigenschaften der Daten in der Datenbank. Prädiktive Mining-Aufgaben führen Rückschlüsse auf die aktuellen Daten durch, um Vorhersagen zu treffen. Im Allgemeinen ist Data Mining (manchmal auch als Daten- oder Wissensentdeckung bezeichnet) der Prozess der Analyse von Daten aus verschiedenen Blickwinkeln und deren Zusammenfassung zu nützlichen Informationen, die zur Umsatzsteigerung, Kostensenkung oder zu beidem genutzt werden können. Data-Mining-Software ist eines von mehreren Analysewerkzeugen für die Datenanalyse. Sie ermöglicht es den Benutzern, Daten aus vielen verschiedenen Dimensionen oder Blickwinkeln zu analysieren, sie zu kategorisieren und die ermittelten Beziehungen zusammenzufassen. Technisch gesehen ist Data Mining ein Prozess, bei dem Korrelationen oder Muster zwischen Dutzenden von Feldern in großen relationalen Datenbanken gefunden werden.

Der Data-Mining-Schritt interagiert mit einem Benutzer oder einer Wissensbasis. Es gibt verschiedene Datenbestände, auf denen Mining durchgeführt werden kann. Zu den wichtigsten Datenbeständen gehören relationale Datenbanken, Transaktionsdatenbanken, Zeitreihendatenbanken, Textdatenbanken, heterogene Datenbanken und räumliche Datenbanken. Das Ziel des Data Mining ist es, Wissen aus einem Datensatz in einer für den Menschen verständlichen Struktur zu extrahieren. Data Mining ist der gesamte Prozess der Anwendung computergestützter Methoden, einschließlich neuer Techniken zur Wissensentdeckung aus Daten. Datenbanken, Textdokumente, Computersimulationen und soziale Netzwerke sind die Datenquellen für das Mining.

Daten, Informationen und Wissen

Daten: Daten sind alle Fakten, Zahlen oder Texte, die von einem Computer verarbeitet werden können. Heutzutage sammeln Unternehmen riesige und wachsende Mengen an Daten in verschiedenen Formaten und Datenbanken an. Dazu gehören:

• Betriebs- oder Transaktionsdaten wie Verkauf, Kosten, Inventar, Gehaltsabrechnung und Buchhaltung

• nicht-operative Daten, wie z. B. Branchenumsätze, Prognosedaten und makroökonomische Daten

• Metadaten - Daten über die Daten selbst, wie z. B. der logische Datenbankentwurf oder die Definitionen des Datenwörterbuchs

Informationen: Die Muster, Assoziationen oder Beziehungen zwischen all diesen Daten können Informationen liefern. So kann beispielsweise die Analyse von Transaktionsdaten aus dem Einzelhandel Aufschluss darüber geben, welche Produkte wann verkauft werden.

Wissen: Informationen können in Wissen über historische Muster und zukünftige Trends umgewandelt werden. So können beispielsweise zusammenfassende Informationen über die Verkäufe in Supermärkten vor dem Hintergrund von Werbeaktionen analysiert werden, um Erkenntnisse über das Kaufverhalten der Verbraucher zu gewinnen. So kann ein Hersteller oder Einzelhändler feststellen, welche Artikel am ehesten für Werbeaktionen in Frage kommen.

Data Warehouses: Dramatische Fortschritte bei der Datenerfassung, der Verarbeitungsleistung, der Datenübertragung und den Speichermöglichkeiten ermöglichen es Unternehmen, ihre verschiedenen Datenbanken in Data Warehouses zu integrieren. Data Warehousing ist definiert als ein Prozess der zentralisierten Datenverwaltung und -abfrage. Data Warehousing ist ebenso wie Data Mining ein relativ neuer Begriff, obwohl das Konzept selbst schon seit Jahren bekannt ist. Data Warehousing stellt die ideale Vision eines zentralen Speichers für alle Unternehmensdaten dar. Die Zentralisierung der Daten ist notwendig, um den Zugriff der Benutzer und die Analyse zu optimieren. Dank dramatischer technologischer Fortschritte wird diese Vision für viele Unternehmen zur Realität. Und ebenso dramatische Fortschritte bei der Datenanalysesoftware ermöglichen den Benutzern den freien Zugriff auf diese Daten. Die Datenanalysesoftware unterstützt das Data Mining.

Data Mining: Data-Mining-Software ist eines von mehreren Analysewerkzeugen zur Auswertung von Daten. Ist der Prozess der Analyse von Daten aus verschiedenen Perspektiven und die Zusammenfassung in nützliche Informationen Informationen, die verwendet werden können, um den Umsatz zu steigern, senkt die Kosten oder beide Arbeit Data Mining tun können.

ARTEN VON DATA MINING

- **Entdeckung von Assoziationsregeln**
- **Klassifizierung**
- **Clustering**
- **Sequentielle Muster entdecken**
- **Erkennung und Vorhersage von Abweichungen**
- **Regression**

Entdeckung von Assoziationsregeln:

Im Data Mining ist das Lernen von Assoziationsregeln eine beliebte und gut erforschte Methode zur Entdeckung interessanter Beziehungen zwischen Variablen in großen Datenbanken. Es dient dazu, starke Regeln zu identifizieren, die in Datenbanken anhand verschiedener Interessensmaße entdeckt wurden. Die Suche nach häufigen Mustern, Assoziationen, Korrelationen oder kausalen Strukturen zwischen einer Reihe von Elementen oder Objekten in Transaktionsdatenbanken, relationalen Datenbanken und anderen Informationsbeständen. Eine Assoziationsregel dient der Entdeckung von Regelmäßigkeiten zwischen Produkten in großen Transaktionsdaten, die **von** Kassensystemen aufgezeichnet werden. Assoziationsregeln müssen in der Regel gleichzeitig eine vom Benutzer festgelegte Mindestunterstützung und ein vom Benutzer festgelegtes Mindestvertrauen erfüllen. Assoziationsregeln sind Wenn-Dann-Anweisungen, die helfen, Beziehungen zwischen scheinbar nicht zusammenhängenden Daten in einer relationalen Datenbank oder einem anderen Informationsspeicher aufzudecken. Ein Beispiel für eine Assoziationsregel wäre: "Wenn ein Kunde ein Dutzend Eier kauft, ist es zu 80 % wahrscheinlich, dass er auch Milch kauft.". Eine Assoziationsregel besteht aus zwei Teilen, einem Antezedens (wenn) und einem Folgesatz (dann). Ein Antezedens ist ein Element, das in den Daten gefunden wird. Eine Konsequenz ist ein Element, das in Kombination mit dem Antezedens gefunden wird. Assoziationsregeln werden durch die Analyse von Daten auf häufige Beziehungen erstellt. Die Unterstützung ist ein Hinweis darauf, wie häufig die Elemente in der Datenbank vorkommen. Die Konfidenz gibt an, wie oft sich die Wenn-dann-Anweisungen als zutreffend erwiesen haben. Beim Data Mining sind Assoziationsregeln nützlich, um das Kundenverhalten zu analysieren und vorherzusagen. Sie spielen eine wichtige Rolle bei der Analyse von Warenkorbdaten, beim Clustering von Produkten sowie bei der Gestaltung von Katalogen und Geschäften. Programmierer verwenden Assoziationsregeln, um Programme zu erstellen, die maschinelles Lernen beherrschen. Maschinelles Lernen ist eine Form der künstlichen Intelligenz (KI), die darauf abzielt, Programme mit der Fähigkeit zu entwickeln, effizienter zu werden, ohne explizit programmiert zu werden.

Einstufung:

Klassifizierung ist eine Data-Mining-Technik (maschinelles Lernen), die zur Vorhersage der Gruppenzugehörigkeit von Dateninstanzen verwendet wird. Klassifizierung ist eine Data-Mining-Funktion, die Elemente in einer Sammlung Zielkategorien oder -klassen zuordnet. Das Ziel der Klassifizierung ist es, die Zielklasse für jeden Fall in den Daten genau vorherzusagen. Ein Klassifizierungsmodell könnte zum Beispiel verwendet werden, um Kreditantragsteller als niedrige, mittlere oder hohe Kreditrisiken zu identifizieren. Klassifizierungsmodelle werden getestet, indem die vorhergesagten Werte mit bekannten Zielwerten in einem Satz von Testdaten verglichen werden. Die historischen Daten für ein Klassifizierungsprojekt werden in der Regel in zwei

Datensätze aufgeteilt: einer für die Erstellung des Modells, der andere zum Testen des Modells. Klassifizierungsalgorithmen im Bereich Data Mining und maschinelles Lernen erhalten eine Reihe von Eingaben, denen sie eine bestimmte Klasse zuordnen. Bei der Klassifizierung geht es darum, auf der Grundlage eines Trainingsdatensatzes, der Beobachtungen (oder Instanzen) enthält, deren Zugehörigkeit zu einer Kategorie bekannt ist, festzustellen, zu welcher Kategorie (Unterpopulation) eine neue Beobachtung gehört. Die Leistung eines Klassifikators hängt stark von den Merkmalen der zu klassifizierenden Daten ab. Es gibt keinen einzelnen Klassifikator, der bei allen gegebenen Problemen am besten funktioniert (ein Phänomen, das durch das No-Free-Lunch-Theorem erklärt werden kann). Es wurden verschiedene empirische Tests durchgeführt, um die Leistung von Klassifikatoren zu vergleichen und die Merkmale der Daten zu ermitteln, die die Leistung des Klassifikators bestimmen. Die Bestimmung eines geeigneten Klassifikators für ein bestimmtes Problem ist jedoch immer noch eher eine Kunst als eine Wissenschaft.

Clustering

Bei der Clustering-Analyse werden Cluster von Datenobjekten gefunden, die einander in gewisser Weise ähnlich sind. Die Mitglieder eines Clusters sind einander ähnlicher als die Mitglieder anderer Cluster. Das Ziel der Clustering-Analyse ist es, qualitativ hochwertige Cluster zu finden, bei denen die Ähnlichkeit zwischen den Clustern gering und die Ähnlichkeit innerhalb der Cluster hoch ist. Clustering wird wie die Klassifizierung zur Segmentierung der Daten verwendet. Im Gegensatz zur Klassifizierung werden bei Clustering-Modellen Daten in Gruppen eingeteilt, die zuvor nicht definiert wurden. Klassifizierungsmodelle segmentieren Daten, indem sie sie zuvor definierten Klassen zuordnen, die in einem Ziel festgelegt sind. Clustering-Modelle verwenden kein Ziel. Clustering ist nützlich für die Untersuchung von Daten. Wenn es viele Fälle und keine offensichtlichen Gruppierungen gibt, können Clustering-Algorithmen verwendet werden, um natürliche Gruppierungen zu finden. Clustering kann auch als nützlicher Datenvorverarbeitungsschritt dienen, um homogene Gruppen zu identifizieren, auf denen überwachte Modelle aufgebaut werden können. Clustering kann auch zur Erkennung von Anomalien verwendet werden. Sobald die Daten in Cluster segmentiert wurden, kann es vorkommen, dass einige Fälle nicht in die Cluster passen. Diese Fälle sind Anomalien oder Ausreißer. Die Suche nach Gruppen von Objekten, so dass die Objekte in einer Gruppe einander ähnlich (oder verwandt) sind und sich von den Objekten in anderen Gruppen unterscheiden (oder nicht mit ihnen verwandt sind). Bei der Clusteranalyse selbst handelt es sich nicht um einen bestimmten Algorithmus, sondern um die allgemeine Aufgabe, die es zu lösen gilt. Sie kann durch verschiedene Algorithmen gelöst werden, die sich in ihrer Vorstellung davon, was ein Cluster ist und wie man es effizient findet, erheblich unterscheiden. Beliebte Vorstellungen von Clustern sind Gruppen mit geringen Abständen zwischen den Clustermitgliedern, dichte Bereiche des Datenraums, Intervalle oder bestimmte statistische Verteilungen. Das Clustering kann daher als ein multikriterielles Optimierungsproblem formuliert werden. Die Clusteranalyse als solche ist keine automatische Aufgabe, sondern ein iterativer Prozess der Wissensentdeckung oder der interaktiven Mehrzieloptimierung, der Versuch und

4

Irrtum beinhaltet. Oft wird es notwendig sein, die Vorverarbeitung der Daten und die Modellparameter zu ändern, bis das Ergebnis die gewünschten Eigenschaften aufweist. Gruppieren Sie verwandte Dokumente zum Durchsuchen, gruppieren Sie Gene und Proteine mit ähnlicher Funktionalität oder gruppieren Sie Aktien mit ähnlichen Kursschwankungen.

Sequentielle Muster entdecken:

Eine Sequenzdatenbank besteht aus geordneten Elementen oder Ereignissen. Sequence Mining ist ein Bereich des Data Mining, der sich mit der Suche nach statistisch relevanten Mustern zwischen Datenbeispielen befasst, bei denen die Werte in einer Reihenfolge geliefert werden. In der Regel wird davon ausgegangen, dass es sich um diskrete Werte handelt, so dass das Mining von Zeitreihen zwar eng verwandt ist, aber in der Regel als eine andere Tätigkeit betrachtet wird. Sequence Mining ist ein Spezialfall des strukturierten Data Mining. Es umfasst den Aufbau effizienter Datenbanken und Indizes für Sequenzinformationen, die Extraktion häufig vorkommender Muster, den Vergleich von Sequenzen auf Ähnlichkeit und die Wiederherstellung fehlender Sequenzmitglieder.Sequence Mining ist ein Bereich des Data Mining, der sich mit der Suche nach statistisch relevanten Mustern zwischen Datenbeispielen befasst, bei denen die Werte in einer Sequenz geliefert werden. In der Regel wird davon ausgegangen, dass die Werte diskret sind, so dass das Mining von Zeitreihen zwar eng verwandt ist, aber in der Regel als eine andere Tätigkeit betrachtet wird. Sequence Mining ist ein Spezialfall des strukturierten Data Mining. Sequence Mining eignet sich zur Entdeckung von häufigen Item-Sets und der Reihenfolge ihres Auftretens, zum Beispiel sucht man Regeln der Form. Dazu gehören der Aufbau effizienter Datenbanken und Indizes für Sequenzinformationen, die Extraktion häufig vorkommender Muster, der Vergleich von Sequenzen auf Ähnlichkeit und die Wiederherstellung fehlender Sequenzmitglieder.

Erkennung und Vorhersage von Abweichungen:

Bei der Erkennung von Abweichungen geht es darum, abweichende Punkte in einem Datensatz zu identifizieren. Die Vorhersage ist ein weites Feld und reicht von der Vorhersage des Ausfalls von Bauteilen oder Maschinen über die Erkennung von Betrug bis hin zur Vorhersage von Unternehmensgewinnen. In Kombination mit anderen Data-Mining-Techniken umfasst die Vorhersage die Analyse von Trends, die Klassifizierung, den Abgleich von Mustern und Beziehungen. Durch die Analyse vergangener Ereignisse oder Instanzen können Sie eine Vorhersage über ein Ereignis treffen. Bei der Kreditkartenautorisierung könnten Sie beispielsweise die Entscheidungsbaumanalyse einzelner früherer Transaktionen mit der Klassifizierung und dem historischen Musterabgleich kombinieren, um festzustellen, ob eine Transaktion betrügerisch ist. Wird eine Übereinstimmung zwischen dem Kauf von Flügen in die USA und Transaktionen in den USA festgestellt, ist es wahrscheinlich, dass die Transaktion gültig ist.

Prognosemodell, eine Sammlung von Entscheidungsbäumen, auch bekannt als Abhängigkeitsnetzwerk, um Nutzern, die Ihre Website besuchen, Kaufempfehlungen in Echtzeit zu geben und unbekannte Profileigenschaften über Nutzer zu erraten. Ein Vorhersagemodell fasst Beziehungen in den Daten in Form von Regeln zusammen. Ein Prognosemodell kann beispielsweise sagen, dass ein Besucher Ihrer Website, der männlich und über 55 Jahre alt ist und Sportkleidung kauft, wahrscheinlich auch Golfausrüstung kaufen wird. Sie können dieses Modell verwenden, um Nutzern, die diesem Profil entsprechen, in Echtzeit Empfehlungen für Golfausrüstung zu geben. Prognosemodelle liefern in der Regel genauere Empfehlungen als von Menschen erstellte Regeln, da sie Vorhersagen auf der Grundlage früherer Aktivitäten auf der Website treffen; folglich führen sie in der Regel zu mehr Verkäufen. Um Vorhersagemodelle zu analysieren, verwenden Sie den Prediction Model Viewer in Commerce Server.

Regression :

Versucht, eine Funktion zu finden, die die Daten mit dem geringsten Fehler modelliert. Regression ist eine Data-Mining-Funktion, die eine Zahl vorhersagt. Alter, Gewicht, Entfernung, Temperatur, Einkommen oder Umsatz können mithilfe von Regressionstechniken vorhergesagt werden. Ein Regressionsmodell könnte beispielsweise verwendet werden, um die Größe von Kindern anhand ihres Alters, Gewichts und anderer Faktoren vorherzusagen. Eine Regressionsaufgabe beginnt mit einem Datensatz, bei dem die Zielwerte bekannt sind. Ein Regressionsmodell, das die Größe von Kindern vorhersagt, könnte beispielsweise auf der Grundlage von Beobachtungsdaten für viele Kinder über einen bestimmten Zeitraum entwickelt werden. Diese Beziehungen zwischen Prädiktoren und Zielwerten werden in einem Modell zusammengefasst, das dann auf einen anderen Datensatz angewendet werden kann, bei dem die Zielwerte unbekannt sind. Regressionsmodelle werden getestet, indem verschiedene Statistiken berechnet werden, die den Unterschied zwischen den vorhergesagten Werten und den erwarteten Werten messen. Data Mining umfasst Assoziationsregeln, Klassifizierung, Clustering, sequenzielle Muster, Erkennung von Abweichungen und Vorhersage, wobei das Clustering eine der wichtigsten Techniken im Data Mining ist. Clustering ist ein Prozess, bei dem eine Reihe von Objekten in eine Reihe von Unterklassen eingeteilt wird, die als "Cluster" bezeichnet werden. Clustering kann mit verschiedenen Arten von Algorithmen durchgeführt werden. Dazu gehören der hierarchische Algorithmus (auf Konnektivität basierendes Clustering) und der Partitionierungsalgorithmus (auf Zentroid basierendes Clustering), der auf Dichte basierende Algorithmus (Dichte der Datenpunkte) und der EM-Algorithmus (Erwartungsmaximierung) (Iteratives Clustering).Der hierarchische Clustering-Algorithmus wird in zwei Arten von Clustering-Algorithmen unterteilt. Der erste ist ein agglomerativer Algorithmus (Bottom-up-Ansatz) und der zweite ist ein divisiver Algorithmus (Top-down-Ansatz). Der Partitionierungsalgorithmus verwendet meist k-means, k-medoids und erweiterte Versionen von x-mean, global k-mean, k-mean++. Im Allgemeinen gibt es zwei Arten von Attributen, die mit den Eingabedaten im Clustering-Algorithmus verbunden sind, nämlich numerische Attribute und kategorische Attribute.

Numerische Attribute sind solche mit einer endlichen Anzahl von geordneten Werten. Zum Beispiel das Alter einer Person oder die Größe einer Person. Auf der anderen Seite sind kategorische Attribute solche mit einer endlichen Anzahl ungeordneter Werte, wie z.B. der Beruf oder die Blutgruppe einer Person.

1.1.1 Schritte im Data Mining :

• **Datenintegration:** Alle Daten werden aus den verschiedenen Quellen gesammelt und integriert.

• **Auswahl der Daten:** Nicht alle gesammelten Daten werden im ersten Schritt verwendet. Daher werden in diesem Schritt geeignete Daten ausgewählt, die genau erforderlich sind.

• **Datenbereinigung:** Die gesammelten Daten sind möglicherweise nicht sauber und können Fehler, fehlende Werte, verrauschte oder inkonsistente Daten enthalten. Daher ist es notwendig, verschiedene Techniken anzuwenden, um solche Anomalien zu beseitigen.

• **Datenumwandlung:** Auch nach der Bereinigung der Daten liegen diese nicht im erforderlichen Format für die Auswertung vor. Deshalb werden sie hier in eine für die Auswertung geeignete Form umgewandelt. Die dazu verwendeten Techniken sind Glättung, Aggregation, Normalisierung usw.

• **Data Mining:** Jetzt kann man Data-Mining-Techniken anwenden, um interessante Muster zu entdecken. Techniken wie Clustering und Assoziationsanalyse sind nur einige der verschiedenen Techniken, die für Data Mining verwendet werden.

• **Musterbewertung und Wissenspräsentation:** Dieser Schritt umfasst die Visualisierung, Transformation, Entfernung redundanter Muster usw. aus den generierten Mustern.

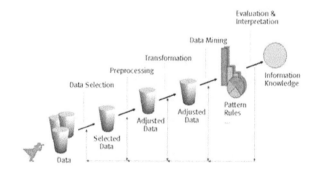

Abbildung: 1.1 Schritte beim Data Mining

7

- **Entscheidungen oder Nutzung des gewonnenen Wissens:** Dieser Schritt hilft dem Benutzer, das erworbene Wissen zu nutzen, um bessere Entscheidungen zu treffen. Viele betrachten Data Mining als Synonym für einen anderen häufig verwendeten Begriff: Knowledge Discovery from Data (KDD). Andere wiederum betrachten Data Mining einfach als einen für das Wissen wichtigen Schritt im Prozess der Wissensentdeckung

1.1.2 Datenverarbeitungsprozess :

Im Grunde geht es beim Data Mining um die Verarbeitung von Daten und die Erkennung von Mustern und Trends in diesen Informationen, damit Sie Entscheidungen treffen oder Urteile fällen können. Data-Mining-Prinzipien gibt es schon seit vielen Jahren, aber mit dem Aufkommen von Big Data ist es noch verbreiteter geworden. Big Data hat zu einer explosionsartigen Zunahme der Verwendung von umfangreicheren Data-Mining-Techniken geführt, was zum Teil darauf zurückzuführen ist, dass der Umfang der Informationen viel größer ist und die Informationen in der Regel vielfältiger und umfangreicher in ihrer Art und ihrem Inhalt sind. Bei großen Datensätzen reicht es nicht mehr aus, relativ einfache und überschaubare Statistiken aus dem System herauszuholen. Bei 30 oder 40 Millionen Datensätzen mit detaillierten Kundeninformationen reicht es nicht aus zu wissen, dass zwei Millionen von ihnen an einem Ort leben. Sie wollen wissen, ob diese zwei Millionen einer bestimmten Altersgruppe angehören und wie hoch ihr Durchschnittseinkommen ist, damit Sie Ihre Kundenbedürfnisse besser erfüllen können. Diese geschäftsbedingten Anforderungen haben dazu geführt, dass aus einer einfachen Datenabfrage und Statistik ein komplexeres Data Mining geworden ist. Das Geschäftsproblem treibt eine Untersuchung der Daten voran, die dazu beiträgt, ein Modell zur Beschreibung der Informationen zu erstellen, das schließlich zur Erstellung des resultierenden Berichts führt.

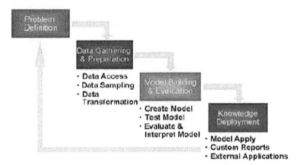

Abbildung: 1.2 Data-Mining-Prozess

- **Definition des Problems der Datengewinnung**

Die meisten datenbasierten Modellierungsstudien werden für einen bestimmten Anwendungsbereich durchgeführt. Daher sind in der Regel bereichsspezifische Kenntnisse und Erfahrungen erforderlich, um eine sinnvolle Problemstellung zu formulieren. Leider konzentrieren sich viele Anwendungsstudien auf die Data-Mining-Technik, ohne eine klare Problemstellung zu haben. In diesem Schritt legt der Modellierer in der Regel einen Satz von Variablen für die unbekannte Abhängigkeit und eine allgemeine Form dieser Abhängigkeit als Ausgangshypothese fest. Der erste Schritt erfordert das kombinierte Fachwissen eines Anwendungsbereichs und eines Data-Mining-Modells. Bei erfolgreichen Data-Mining-Anwendungen hört diese Zusammenarbeit nicht in der Anfangsphase auf, sondern setzt sich während des gesamten Data-Mining-Prozesses fort. Die Voraussetzung für die Entdeckung von Wissen ist das Verständnis von Daten und Unternehmen. Ohne dieses Verständnis ist kein Algorithmus in der Lage, das gewünschte Ergebnis zu liefern.

- **Erfassen der Daten**

Bei diesem Prozess geht es um die Erhebung von Daten aus verschiedenen Quellen und an verschiedenen Orten. Im Folgenden werden die verschiedenen Methoden zur Datenerhebung beschrieben:

Interne Daten: Die Daten werden in der Regel aus bestehenden Datenbanken, Data Warehouses und OLAP gesammelt. Tatsächliche Transaktionen, die von Einzelpersonen aufgezeichnet werden, sind die ergiebigste Informationsquelle.

Externe Daten: Datenelemente können aus Demografien, Psychografien und Webgrafiken gesammelt werden.

- **Aufspüren und Korrigieren der Daten**

Alle Rohdatensätze, die zunächst für Data Mining vorbereitet werden, sind oft groß und können unübersichtlich sein. Datenbanken in der realen Welt sind aufgrund ihrer typischerweise enormen Größe - oft mehrere Gigabyte oder mehr - mit Rauschen, fehlenden und inkonsistenten Daten behaftet.

Die Datenvorverarbeitung wird in der Data-Mining-Praxis häufig im Vorfeld eingesetzt. Sie wandelt die Daten in ein Format um, das von den Nutzern leicht und effektiv verarbeitet werden kann. Es gibt eine Reihe von Techniken zur Datenvorverarbeitung, darunter:

Datenbereinigung: Sie wird angewandt, um Rauschen zu entfernen und Inkonsistenzen, Ausreißer und fehlende Werte zu korrigieren.

Datenintegration: Sie führt Daten aus mehreren Quellen in einem kohärenten Datenspeicher zusammen, z. B. in einem Data Warehouse oder einem Datenwürfel. Dabei können Datentransformationen wie Normalisierung angewendet werden. Sie verbessert die Genauigkeit und Effizienz von Mining-Algorithmen, die für die Abstandsmessungen eingesetzt werden.

Datenreduzierung: Die Datengröße wird durch Aggregation und Eliminierung redundanter Merkmale reduziert.

Die Datenverarbeitungstechniken, die vor dem Mining angewandt werden, können die Gesamtergebnisse des Data Mining erheblich verbessern. Da mehrere Datensätze in verschiedenen Transaktionsformaten verwendet werden können, kann eine umfangreiche Datenaufbereitung erforderlich sein. Es gibt verschiedene kommerzielle Softwareprodukte, die speziell für die Datenvorbereitung entwickelt wurden und die Aufgabe der Datenorganisation vor dem Import in das Data-Mining-Tool erleichtern.

- **Schätzung und Erstellung des Modells**

Dieser Prozess umfasst fünf Teile:

A. Wählen Sie Data-Mining-Aufgaben aus.

B. Wählen Sie eine Data-Mining-Methode.

C. Wählen Sie einen geeigneten Algorithmus.

D. Wissen extrahieren.

E. Modellbeschreibungen, Validierung.

A.Data-Mining-Aufgaben auswählen

Die Auswahl der zu verwendenden Aufgabe hängt davon ab, ob es sich um ein prädiktives oder ein deskriptives Modell handelt. Prädiktive Modelle betrachten die Werte von Daten unter Verwendung bekannter Ergebnisse und/oder Informationen aus großen Datensätzen, historischen Daten oder unter Verwendung einiger Variablen oder Felder im Datensatz, um Unbekanntes vorherzusagen, Klassifizierung, Regressionen, Zeitreihenanalyse, Vorhersage oder Schätzung sind Aufgaben für prädiktive Modelle.

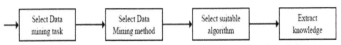

Abbildung 1.3: Schätzung und Erstellung des Modells

Ein deskriptives Modell identifiziert Muster oder Beziehungen in Daten und dient als Mittel zur Erforschung der Eigenschaften der untersuchten Daten. Clustering, Zusammenfassung, Assoziationsregeln und Sequenzentdeckung. Die relative Bedeutung von Vorhersage und Beschreibung für bestimmte Data-Mining-Anwendungen kann sehr unterschiedlich sein. Das bedeutet, dass die Auswahl der zu verwendenden Aufgabe davon abhängt, ob das Modell prädiktiv oder deskriptiv ist.

B. Data-Mining-Methoden auswählen

Nach der Auswahl der gewünschten Aufgabe ist es möglich, die Methode zu wählen, und es wird davon ausgegangen, dass ein prädiktives Modell vorhanden ist und die Aufgabe klassifiziert wird, während die Methode Regelinduktion, mit Entscheidungsbaum oder neuronalem Netz ist. In den meisten Forschungsbereichen schätzen die Forscher das entsprechende Modell, um akzeptable Ergebnisse zu erzielen. Es gibt eine Reihe von Methoden für die Modellschätzung, aber diese sind nicht auf neuronale Netze, Entscheidungsbäume, Assoziationsregeln, genetische Algorithmen, Cluster-Erkennung und Fuzzy-Logik beschränkt.

C. Geeigneten Algorithmus auswählen

Der nächste Schritt besteht darin, einen spezifischen Algorithmus zu entwickeln, der die allgemeinen Methoden umsetzt. Alle Data-Mining-Algorithmen bestehen aus drei Hauptkomponenten, nämlich:

• Modelldarstellung.

• Bewertung des Modells.

• Suche.

D. Wissen extrahieren

Dies ist der letzte Schritt bei der Erstellung des Modells, um nach der Simulation des Algorithmus die besten Ergebnisse (oder die Antworten auf das im Data Mining gelöste Problem) zu erhalten.

E. Modellbeschreibungen und Validierung

In jedem Fall sollten Data-Mining-Modelle die Benutzer bei der Entscheidungsfindung unterstützen. Daher müssen solche Modelle interpretierbar sein, denn Menschen werden ihre Entscheidungen wahrscheinlich nicht auf der Grundlage komplexer "Black-Box"-Modelle treffen. Von modernen Data-Mining-Methoden wird erwartet, dass sie unter Verwendung hochdimensionaler Modelle sehr genaue Ergebnisse liefern. Das Problem der Interpretation dieser Modelle ist sehr wichtig und wird als eine separate Aufgabe mit spezifischen Techniken zur Validierung der Ergebnisse betrachtet.Die Modellvalidität ist eine notwendige, aber nicht hinreichende Bedingung für die Glaubwürdigkeit und Akzeptanz der Data-Mining-Ergebnisse. Wenn zum Beispiel die ursprünglichen Ziele nicht richtig identifiziert wurden oder der Datensatz nicht richtig spezifiziert ist, sind die Data-Mining-Ergebnisse, die durch das Modell ausgedrückt werden, nicht nützlich. Das Modell kann aber dennoch als gültig angesehen werden. Das Modell wird nicht brauchbar sein. Das Modell kann aber immer noch gültig sein.

1.1.3 Zukunft des Data Mining :

Kurzfristig werden die Ergebnisse des Data Mining in gewinnbringenden, wenn auch profanen, geschäftsbezogenen Bereichen zu finden sein. Mikromarketing-Kampagnen werden neue Nischen erschließen. Die Werbung wird potenzielle Kunden mit neuer Präzision ansprechen. Mittelfristig könnte Data Mining so alltäglich und einfach zu handhaben sein wie E-Mail. Wir können diese Werkzeuge nutzen, um den besten Flugpreis nach New York zu finden, die Telefonnummer eines lange verschollenen Klassenkameraden ausfindig zu machen oder die besten Preise für Rasenmäher zu ermitteln. Die langfristigen Aussichten sind wirklich aufregend. Stellen Sie sich intelligente Agenten vor, die auf medizinische Forschungsdaten oder Daten über subatomare Teilchen losgelassen werden. Computer könnten neue Behandlungsmethoden für Krankheiten oder neue Erkenntnisse über die Natur des Universums liefern. Allerdings gibt es auch potenzielle Gefahren, wie weiter unten erläutert wird. Was wäre, wenn jedes Telefonat, das Sie führen, jeder Kreditkartenkauf, jeder Flug, jeder Arztbesuch, jede Garantiekarte, die Sie einsenden, jede Bewerbung, die Sie ausfüllen, jede Schulakte, die Sie haben, Ihre Kreditauskunft, jede Webseite, die Sie besuchen, gesammelt würde? Man wüsste eine Menge über Sie. Dies ist eine nur allzu reale Möglichkeit. Viele Informationen dieser Art sind bereits in einer Datenbank gespeichert. Erinnern Sie sich an das Telefoninterview, das Sie letzte Woche mit einem Marketingunternehmen geführt haben. Ihre Antworten wurden in einer Datenbank gespeichert. Erinnern Sie sich an den Kreditantrag, den Sie ausgefüllt haben? In einer Datenbank. Zu viele Informationen über zu viele Menschen, als dass irgendjemand damit etwas anfangen könnte. Auch nicht mit Data-Mining-Tools, die auf massiv parallel arbeitenden Computern laufen. Hätten Sie ein gutes Gefühl dabei, wenn jemand (oder viele Leute) Zugang zu all diesen Daten über Sie hätten? Und bedenken Sie, dass all diese Daten nicht an einem einzigen Ort gespeichert sein müssen; mit dem Wachstum des Netzes werden Informationen dieser Art für immer mehr Menschen zugänglich.

1.1.4 Anwendungen von Data Mining

Einige Anwendungsbereiche für Data Mining sind im Folgenden aufgeführt.
• Analyse der Finanzdaten

12

- Einzelhandel

- Telekommunikationsindustrie

Data Mining für die Finanzdatenanalyse: -

Die in Banken und Finanzinstituten erhobenen Finanzdaten sind häufig relativ vollständig, zuverlässig und von hoher Qualität.

Vorhersage von Darlehenszahlungen/ Analyse der Verbraucherkreditpolitik.

- Auswahl der Merkmale und Einstufung der Relevanz der Attribute

- Entwicklung der Darlehenszahlungen

- Kreditwürdigkeit der Verbraucher

Klassifizierung und Clustering für gezieltes Marketing
- Mehrdimensionale Segmentierung durch Nearest Neighbour, Klassifizierung, Entscheidungsbaum usw., um Kundengruppen zu identifizieren oder einen neuen Kunden einer geeigneten Kundengruppe zuzuordnen.

Data Mining für den Einzelhandel: -

Einzelhandel: riesige Datenmengen, Verkäufe, Einkaufsverhalten der Kunden usw.
Anwendungen von Data Mining im Einzelhandel:
- Identifizierung des Kaufverhaltens der Kunden

- Entdecken Sie das Kaufverhalten und die Trends Ihrer Kunden

- Verbesserung der Qualität des Kundendienstes

- Bessere Kundenbindung und -zufriedenheit

- Verbessern Sie gute Verbrauchsquoten

- Effektivere Strategien für den Warentransport und -vertrieb entwickeln

Data Mining für die Telekommunikationsindustrie: -

Eine rasch expandierende und wettbewerbsintensive Branche und eine große Nachfrage nach Data Mining
- Verstehen Sie das betreffende Geschäft

- Identifizieren Sie die Telekommunikationsmuster

- Betrügerische Aktivitäten aufdecken

- Bessere Nutzung der Ressourcen

• Verbesserung der Qualität der Dienstleistungen

1.1.5 Data-Mining-Techniken:

• **Künstliche neuronale Netze**: Nichtlineare Prognosemodelle, die durch Training lernen und in ihrer Struktur biologischen neuronalen Netzen ähneln.

• **Genetische Algorithmen**: Optimierungstechniken, die Prozesse wie genetische Kombination, Mutation und natürliche Selektion in einem Design verwenden, das auf den Konzepten der natürlichen Evolution basiert.

• **Entscheidungsbäume**: Baumförmige Strukturen, die Sätze von Entscheidungen darstellen. Diese Entscheidungen generieren Regeln für die Klassifizierung eines Datensatzes. Zu den spezifischen Entscheidungsbaummethoden gehören Klassifizierungs- und Regressionsbäume (CART) und die automatische Chi-Quadrat-Interaktionserkennung (CHAID). CART und CHAID sind Entscheidungsbaumtechniken, die zur Klassifizierung eines Datensatzes verwendet werden. Sie bieten eine Reihe von Regeln, die Sie auf einen neuen (unklassifizierten) Datensatz anwenden können, um vorherzusagen, welche Datensätze ein bestimmtes Ergebnis haben werden. CART segmentiert einen Datensatz durch die Erstellung von 2-Wege-Splits, während CHAID mit Hilfe von Chi-Quadrat-Tests segmentiert, um Multi-Way-Splits zu erstellen. CART erfordert in der Regel weniger Datenvorbereitung als CHAID.

• **Methode der nächsten Nachbarn**: Eine Technik, die jeden Datensatz in einem Datensatz auf der Grundlage einer Kombination der Klassen der k Datensätze klassifiziert, die ihm in einem historischen Datensatz am ähnlichsten sind (wobei k 1 ist). Wird manchmal auch als k-nächster-Nachbar-Verfahren bezeichnet.

• **Regelinduktion**: Die Extraktion von nützlichen Wenn-dann-Regeln aus Daten auf der Grundlage statistischer Signifikanz.

• **Datenvisualisierung**: Die visuelle Interpretation komplexer Beziehungen in multidimensionalen Daten. Zur Veranschaulichung von Datenbeziehungen werden grafische Hilfsmittel eingesetzt.

1.1.6 Der Anwendungsbereich des Data Mining:

Der Name Data Mining leitet sich von den Ähnlichkeiten zwischen der Suche nach wertvollen Geschäftsinformationen in einer großen Datenbank ab, z. B. der Suche nach verknüpften Produkten in Gigabytes von Speicherscannerdaten, und dem Abbau eines Berges auf der Suche nach einer Ader mit wertvollem Erz. In beiden Fällen muss entweder eine riesige Menge an Material durchforstet werden, oder es muss intelligent untersucht werden, um genau herauszufinden, wo sich der Wert befindet. Wenn Datenbanken von ausreichender Größe und Qualität vorhanden sind, kann die Data-Mining-Technologie neue Geschäftsmöglichkeiten schaffen, indem sie diese Möglichkeiten bietet:

- **Automatisierte Vorhersage von Trends und Verhaltensweisen.** Data Mining automatisiert den Prozess der Suche nach prädiktiven Informationen in großen Datenbanken. Fragen, die traditionell eine umfangreiche praktische Analyse erforderten, können nun direkt aus den Daten heraus schnell beantwortet werden. Ein typisches Beispiel für ein prädiktives Problem ist gezieltes Marketing. Data Mining verwendet Daten über frühere Werbesendungen, um die Zielgruppen zu ermitteln, die am ehesten in der Lage sind, die Investitionsrendite künftiger Sendungen zu maximieren. Andere Vorhersageprobleme umfassen die Vorhersage von Konkursen und anderen Formen von Zahlungsausfällen sowie die Identifizierung von Bevölkerungsgruppen, die wahrscheinlich ähnlich auf bestimmte Ereignisse reagieren.

- **Automatisierte Entdeckung bisher unbekannter Muster.** Data-Mining-Tools durchforsten Datenbanken und erkennen bisher verborgene Muster in einem Schritt. Ein Beispiel für die Erkennung von Mustern ist die Analyse von Verkaufsdaten im Einzelhandel, um scheinbar nicht zusammenhängende Produkte zu identifizieren, die häufig zusammen gekauft werden. Weitere Probleme bei der Mustererkennung sind die Erkennung betrügerischer Kreditkartentransaktionen und die Identifizierung anomaler Daten, bei denen es sich um Fehler bei der Dateneingabe handeln könnte.

Data-Mining-Techniken können die Vorteile der Automatisierung auf bestehenden Software- und Hardware-Plattformen nutzen und auf neuen Systemen implementiert werden, wenn die bestehenden Plattformen aufgerüstet und neue Produkte entwickelt werden. Wenn Data-Mining-Tools auf hochleistungsfähigen Parallelverarbeitungssystemen implementiert werden, können sie riesige Datenbanken in wenigen Minuten analysieren. Schnellere Verarbeitung bedeutet, dass die Benutzer automatisch mit mehr Modellen experimentieren können, um komplexe Daten zu verstehen. Die hohe Geschwindigkeit macht es für die Benutzer praktisch, riesige Datenmengen zu analysieren. Größere Datenbanken führen wiederum zu besseren Vorhersagen.

Datenbanken können sowohl in der Tiefe als auch in der Breite größer sein:

- **Mehr Spalten.** Analysten müssen die Anzahl der zu untersuchenden Variablen bei praktischen Analysen aus Zeitgründen oft begrenzen. Doch Variablen, die verworfen werden, weil sie unwichtig erscheinen, können Informationen über unbekannte Muster enthalten. Leistungsstarkes Data Mining ermöglicht es den Nutzern, die gesamte Tiefe einer Datenbank zu erforschen, ohne eine Vorauswahl einer Teilmenge von Variablen zu treffen.
- **Mehr Zeilen.** Größere Stichproben führen zu geringeren Schätzfehlern und Varianzen und ermöglichen es den Nutzern, Rückschlüsse auf kleine, aber wichtige Teile einer Population zu ziehen.

Data Mining besteht aus fünf Hauptelementen:

• Extrahieren, Umwandeln und Laden von Transaktionsdaten in das Data-Warehouse-System.
• Speicherung und Verwaltung der Daten in einem mehrdimensionalen Datenbanksystem.
• Bereitstellung des Datenzugriffs für Unternehmensanalysten und Informationstechnologieexperten.
• Analysieren Sie die Daten mit einer Anwendungssoftware.
• Stellen Sie die Daten in einem nützlichen Format dar, z. B. in einem Diagramm oder einer Tabelle.

1.2 ÜBERWACHTES LERNEN

Überwachtes Lernen ist die Aufgabe des maschinellen Lernens, eine Funktion aus überwachten (markierten) Trainingsdaten abzuleiten. Die Trainingsdaten bestehen aus einem Satz von Trainingsbeispielen. Beim überwachten Lernen ist jedes Beispiel ein Paar, das aus einem Eingabeobjekt (in der Regel ein Vektor) und einem gewünschten Ausgabewert (auch Überwachungssignal genannt) besteht. Ein überwachter Lernalgorithmus analysiert die Trainingsdaten und erzeugt eine abgeleitete Funktion, die als Klassifikator (wenn die Ausgabe diskret ist, siehe Klassifizierung) oder als Regressionsfunktion (wenn die Ausgabe kontinuierlich ist, siehe Regression) bezeichnet wird. Überwachter Lernprozess: zwei Schritte, nämlich

• Lernen (Training): Lernen eines Modells anhand der Trainingsdaten

Testen: Testen Sie das Modell anhand ungesehener Testdaten, um die Genauigkeit des Modells zu bewerten.

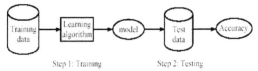

Abbildung: 1.4 Überwachtes Lernen besteht aus zwei Prozessschritten

Abbildung: 1.5 Überwachtes Lernen (Klassifizierung)

Wir kennen die Klassenbezeichnungen und die Anzahl der Klassen.

1.3 UNÜBERWACHTES LERNEN

Beim maschinellen Lernen bezieht sich der Begriff "unüberwachtes Lernen" auf das Problem, versteckte Strukturen in nicht gekennzeichneten Daten zu finden. Da die Beispiele, die dem Lernenden gegeben werden, nicht beschriftet sind, gibt es kein Fehler- oder Belohnungssignal, um eine mögliche Lösung zu bewerten. Dies unterscheidet das unüberwachte Lernen vom überwachten Lernen und vom Verstärkungslernen. unüberwachtes Lernen ist eng mit dem Problem der Dichteschätzung in der Statistik verbunden. Unüberwachtes Lernen umfasst jedoch auch viele andere Techniken, die darauf abzielen, Schlüsselmerkmale der Daten zusammenzufassen und zu erklären. Viele Methoden des unüberwachten Lernens basieren auf Data-Mining-Methoden, die zur Vorverarbeitung von Daten eingesetzt werden. Clustering wird oft als eine Aufgabe des unüberwachten Lernens bezeichnet, da es keine Klassenwerte gibt, die eine a priori Gruppierung der Dateninstanzen bezeichnen, wie es beim überwachten Lernen der Fall ist.

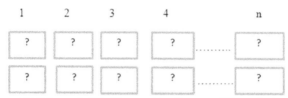

Abbildung: 1.6 Unüberwachtes Lernen (Clustering)

1.4 MOTIVATION FÜR DIE FORSCHUNG:

Der StreamKM++-Algorithmus ist ein neuer Clustering-Algorithmus für den Datenstrom. Sein Ziel ist es, aus einer Folge von Punkten ein gutes Clustering des Datenstroms zu erstellen und dabei ein Minimum an Speicherplatz und Zeit zu verwenden. Viele Forscher haben ihre Arbeit mit Clustering-Algorithmen für statische Daten durchgeführt, aber in Echtzeit sind die Daten dynamischer Natur. Zum Beispiel Blogs und Webseiten. Daher ist die herkömmliche statische Technik in einer Echtzeitumgebung nicht geeignet. In dieser Arbeit kann der StreamKM++-Algorithmus eine vergleichbar hohe Clustering-Leistung wie die herkömmliche Affinitätsvermehrung, die inkrementelle Affinitätsvermehrung auf der Grundlage von K-Medoiden und die inkrementelle Affinitätsvermehrung auf der Grundlage der Zuweisung nächster Nachbarn erzielen.

1.5 PROBLEMSTELLUNG:

Das Affinity Propagation (AP) Clustering wurde erfolgreich in einer Vielzahl von Clustering-Problemen eingesetzt. Die meisten der Anwendungen befassen sich jedoch mit statischen Daten. In früheren Arbeiten wurden Affinity Propagation, Incremental Affinity Propagation Based on K-medoids und Incremental Affinity Propagation Based on Nearest Neighbor Assignment verwendet. In diesem StreamKM++, die hohe Leistung als vorherige gezeigt wird.

1.6 UMFANG DER FORSCHUNG:

Das Hauptziel der Forschung ist es, eine bessere Leistung durch Clustering zu erzielen als mit anderen traditionellen Clustering-Algorithmen. Die Forschung wird mit einigen der Clustering-Algorithmen verglichen, um den besten Algorithmus herauszufinden. Der vorgestellte StreamKM++ Clustering-Algorithmus hat die durchschnittliche Genauigkeit erhöht und die Rechenzeit, den Speicher und die Anzahl der Iterationen reduziert.

1.7 ZIEL DER FORSCHUNG:

a. Untersuchung bestehender Maßnahmen für die Data-Mining-Qualität; Leitlinien und Rahmenwerke für die Auswahl von Clustering-Methoden.
b. Sammlung von Informationen über bestehende Systeme und Auswahl der zu vergleichenden Systeme.
c. Wissen über die in ausgewählten Clustering-Methoden implementierten Data-Mining-Tools zu sammeln.
d. Erstellung eines Qualitätsmodells auf der Grundlage früherer Erfahrungen, das sowohl die externe als auch die betriebliche Qualität einbezieht.

1.8 ORGANISATION DER FORSCHUNG:

Die Arbeit ist in sechs Kapitel unterteilt.
Kapitel 1: Einführungen erklären das Kernkonzept der Arbeit, der Beginn der Einführung beginnt mit den grundlegenden Konzepten des Data Mining, und es bestehen die Data-Mining-Prozess, Data-Mining-Anwendungen, Data-Mining-Techniken dieses und alle in diesem Kapitel diskutiert.
Kapitel 2: Es ist der Hauptteil dieser Arbeit, der eine gründliche Untersuchung der in dieser Forschung verwendeten Algorithmen enthält.
Kapitel 3: Die vorgeschlagene Methodik mit dem Beispielbericht über das vorgeschlagene System dieser Forschung. Es werden auch die Probleme des bestehenden Systems beschrieben.
Kapitel 4: Hier geht es um die praktische Erprobung und Implementierung verschiedener

Clustering-Algorithmen.

Kapitel 5: zeigt die Ergebnisse und Schlussfolgerungen der Forschung.

Kapitel 6: Es handelt sich um eine Zusammenfassung über "**A STREAM MINING BASED APPROACH FOR DYNAMIC ENVIRONMENT USING K-MEANS++ ALGORITHM**", in der künftige Richtungen für weitere Untersuchungen angegeben werden.

2 ÜBERPRÜFUNG DER LITERATUR

2.1 [Parvesh Kumar, Siri Krishan] "comparative analysis of k-mean based algorithms" IJCSNS international journal of computer science and network security, vol.10 no.4 April 2010.

Einleitung:

In diesem Beitrag wird die vergleichende Analyse von k-mean-basierten Algorithmen betrachtet. Der k-means-Algorithmus ist eine der grundlegenden und einfachsten Partitionierungs-Clustering-Techniken, die 1967 von Mac Queen entwickelt wurde und das Ziel dieses Clustering-Algorithmus ist es, den Datensatz in disjunkte Cluster zu unterteilen.

Danach wurden viele Variationen von k-means-Algorithmen von verschiedenen Autoren entwickelt. In diesem Papier analysieren wir k-mean-basierte Algorithmen, nämlich k-means, effizientes k-means, k-means++, globales k-means und x-means über Leukämie- und Dickdarmdatensätze. Der Vergleich erfolgt im Hinblick auf die Genauigkeit und Konvergenzrate.

K-means-Algorithmus: (Mac Queen, 1967) gehört zu der Gruppe der Algorithmen, die als Partitionierungsmethode bezeichnet werden. Die k-mean-Methode ist sehr einfach und leicht zu implementieren, um viele praktische Probleme zu lösen.

Globaler k-means-Algorithmus: (Likas et al., 2003) Dieser hängt nicht von irgendwelchen anfänglichen Parameterwerten ab und verwendet den k-means-Algorithmus wie ein lokales Suchverfahren. Anstatt die anfänglichen Zentren aller Cluster zufällig auszuwählen, wie es bei den meisten globalen Clustern der Fall ist, schlagen wir vor, dass die Technik inkrementell vorgeht und versucht, in jeder Phase ein neues Clusterzentrum optimal hinzuzufügen.

Effizienter k-means-Algorithmus: (zhang et al., 2003) kann er bis zu einem gewissen Grad vermeiden, in eine lokal optimale Lösung zu gelangen, und die Wahrscheinlichkeit der Aufteilung eines Clusters in zwei oder mehr dank der Anwendung des Kriteriums des quadratischen Fehlers verringern.

X-means-Algorithmus: (Dan Pelleg und Andremoore, 2000) durchsucht den Raum der Clusterpositionen und die Anzahl der Cluster effizient, um das Bayessche Informationskriterium (BIC) oder das Akaike-Informationskriterium (AIC) zu optimieren. Die kd-Baum-Technik wird verwendet, um die Geschwindigkeit des Algorithmus zu verbessern. Bei diesem Algorithmus wird die Anzahl der Cluster dynamisch anhand der vom Benutzer angegebenen unteren und oberen Grenze berechnet.

K-mean++ Algorithmus: (David Arthur et al., 2007) Es werden anfängliche Clusterzentren durch zufällige Startzentren mit bestimmten Wahrscheinlichkeiten ausgewählt. Die Analyse der verschiedenen Varianten des K-means-Algorithmus wird mit Hilfe von zwei verschiedenen Krebsdatensätzen durchgeführt. Was die Konvergenzrate betrifft, so ist festzustellen, dass die Konvergenzrate von K-mean++ und Global K-mean höher ist als bei allen anderen Varianten von K-means. K-mean++ ist etwas besser als die Genauigkeit der anderen Algorithmen. Global K-mean und K-mean++ bieten die bessere Leistung als die anderen. Es gibt jedoch keinen Genauigkeitsunterschied zwischen K-mean++ und X-mean. Die Ausführungszeit von K-mean++ ist im Vergleich zu anderen Varianten des K-means-Algorithmus immer noch geringer. Die Ausführungsgeschwindigkeit ist auch bei X-means gut.

2.2 (Bashar Aubaidan, Masnizah Mohd und Mohammed Albared) "Vergleichende Studie von K-means und K-mean++ Clustering-Algorithmen im Bereich der Kriminalität". JSC Journal of computer science 10(7):1197-1206, 2014.ISSN:1549-3636.

Einleitung:

In diesem Papier werden die Ergebnisse einer experimentellen Studie über zwei Techniken zum Clustering von Dokumenten vorgestellt, nämlich K-means und K-mean++. Der Nachteil von k-mean ist, dass der Benutzer den Schwerpunktpunkt definieren muss. Dies ist besonders kritisch, wenn es um das Clustering von Dokumenten geht. Denn jeder Mittelpunkt wird durch ein Wort repräsentiert und die Berechnung des Abstands zwischen den Wörtern ist keine triviale Aufgabe. In dieser Studie wurde eine vergleichende Studie zwischen k-mean und k-mean++ durchgeführt, um zu untersuchen, ob der Initialisierungsprozess in k-mean++ nicht zu einem besseren Ergebnis als k-mean führt. Wir schlagen den k-mean++ Clustering-Algorithmus vor, um den besten Seed für das anfängliche Clusterzentrum beim Clustering von Kriminalitätsdokumenten zu identifizieren.

In dieser Studie besteht der Rahmen für das Clustering von Kriminalitätsdokumenten aus den folgenden Phasen:

• Vorverarbeitung von Verbrechensdokumenten

• Aufbau der Dokumentendarstellung

• Die Dokumente werden auf der Grundlage von k-mean und k-mean++ geclustert, wobei für jeden Algorithmus auch ein Ähnlichkeitsabstandsmaß angewendet wird.

• Die vergleichende Analyse und Bewertung des Clustering wird durchgeführt. Wir bewerten die Auswirkungen der beiden Ähnlichkeitsabstandsmaße (Kosinusähnlichkeit und Jaccard-Koeffizient) auf die Ergebnisse der beiden Clustering-Algorithmen. Experimentelle Ergebnisse auf verschiedenen Einstellungen des Kriminalitätsdatensatzes zeigten, dass k-mean++ durch die Identifizierung des besten Seeds für das anfängliche Clusterzentrum signifikant (mit einem Signifikanzintervall von

95%) besser arbeiten kann als k-means. In dieser Studie wurde die beste Ähnlichkeit von k-means und k-mean++ für Verbrechensdaten untersucht und die Leistung von k-means und k-mean++ beim Clustering verglichen. In dieser Studie haben wir einen von Bermama News gesammelten Kriminalitätsdatensatz verwendet und sechs Kategorien von Themen getestet. Der k-mean++ Algorithmus hat die besten Ergebnisse bei der Kosinusähnlichkeit im Vergleich zur Jaccard-Ähnlichkeit. Experimentelle Methoden, die auf k-mean++ basieren, haben sich als genauer erwiesen als das k-means Clustering beim Clustering von Verbrechensdokumenten.

2.3 (Qinper Zhao und Pasi Frantic) "Centroid ratio for a pairwise random swap clustering algorithm". IEEE transaction on knowledge and data engineering, vol 26, no.5, may 2014.

Einleitung:

Clustering-Algorithmus und Clustergültigkeit sind zwei hochkorrigierte Teile in der Clusteranalyse. In diesem Papier wird eine neuartige Idee für die Clustergültigkeit und einen auf dem Gültigkeitsindex basierenden Clustering-Algorithmus vorgestellt Ein Zentroid-Verhältnis wird zunächst eingeführt, um zwei Clustering-Ergebnisse zu vergleichen. Dieses Zentroid-Verhältnis wird dann beim prototypischen Clustering verwendet, indem ein paarweiser Random-Swap-Clustering-Algorithmus eingeführt wird, um das Problem des lokalen Optimums von k-means zu vermeiden. Die Swap-Strategie in dem Algorithmus wechselt zwischen einer einfachen Störung der Lösung und der Konvergenz zum nächsten Optimum von k-means. Es hat sich gezeigt, dass das Zentroid-Verhältnis stark mit dem mittleren quadratischen Fehler (MSE) und anderen externen Indizes korreliert; außerdem ist es schnell und einfach zu berechnen. Eine empirische Untersuchung verschiedener Datensätze zeigt, dass der vorgeschlagene Algorithmus effizienter arbeitet als Random Swap, deterministischer Random Swap, wiederholtes k-means oder k-mean++. Der Algorithmus wird auch erfolgreich auf das Clustering von Dokumenten und die Quantisierung von Farbbildern angewandt.In diesem Papier schlagen wir einen Index für die Gültigkeit von Clustern vor, das so genannte Zentroid-Verhältnis, das zum Vergleich von zwei Clustern und zum Auffinden instabiler und falsch platzierter Zentren in zwei Clustern verwendet werden kann. Wir verwenden diesen Index und schlagen einen neuartigen Clustering-Algorithmus vor, den sogenannten pairwise random swap (PRS) Clustering-Algorithmus. Der Ähnlichkeitswert für den Vergleich von zwei Clustern anhand des Zentrums kann als Stoppkriterium für den Algorithmus verwendet werden. Der vorgeschlagene Algorithmus wird dann mit anderen Algorithmen verglichen, wie z.B. random swap clustering (RS), deterministisches random swap clustering (DRS), repeated k-means (KRM) und k-mean++ (KM++) auf einer Vielzahl von Datensätzen. Die experimentellen Ergebnisse zeigen, dass der vorgeschlagene Algorithmus 26% bis 96% weniger Verarbeitungszeit benötigt als der zweitschnellste Algorithmus (RS).

2.4 [yangtao wang, lihui chen,senios] "incremental fuzzy clustering with multiple medoids for large data", IEEE transaction on fuzzy system 2014, yangtao wang,lihui chen,senios member, 10.11.09/fuzzy 2014.22.98244.

Einleitung:

Dies ist eine wichtige Technik der Datenanalyse, Clustering spielt eine wichtige Rolle bei der Suche nach der zugrunde liegenden Musterstruktur in den unbeschrifteten Daten eingebettet. Clustering-Algorithmus, die die gesamten Daten in den Speicher für die Analyse zu speichern müssen werden undurchführbar, wenn der Datensatz zu groß ist, gespeichert werden. Um mit solch großen Daten umzugehen, werden inkrementelle Clustering-Ansätze vorgeschlagen. Die Hauptidee dieser Ansätze ist es, einen Repräsentanten (Zentroid oder Medoid) zu finden, der jeden Cluster in jedem Datenpaket repräsentiert. Das ist ein Datenpaket, und die Datenanalyse wird auf der Grundlage dieser identifizierten Repräsentanten aus allen Chunks durchgeführt.In diesem Papier schlagen wir einen neuen inkrementellen Clustering-Ansatz namens inkrementelle Multiple Medoids Based Fuzzy Clustering (IMMFC), um komplexe Muster, die nicht kompakt und gut getrennt sind, zu behandeln, möchten wir untersuchen, ob IMMFC ist eine gute Alternative, um die zugrunde liegende Datenstruktur genauer zu erfassen IMMFC erleichtert nicht nur die Auswahl von mehreren Medoids für jeden Cluster in Daten Chunk, sondern hat auch Mechanismus, um die Beziehung zwischen diesen identifizierten Medoids als Nebeninformationen, um die endgültige Daten-Clustering-Prozess zu helfen.

• In einer experimentellen Studie mit mehreren großen Datensätzen, einschließlich realer Malware-Datensätze, übertrifft IMMFC die bestehenden inkrementellen Fuzzy-Clustering-Ansätze in Bezug auf die Clustering-Genauigkeit. Diese Ergebnisse zeigen das große Potenzial von IMMFC für die Analyse großer Datenmengen.

2.5 (K. Madani et al. Ed Timothy C. Havens, James Berdek und Marimuthupalaniswami) "Incremental kernel fuzzy c means", Computational Intelligence SCI 399. S. 3-18. © Springer-verlag berlin Heidelberg 2014.

Einleitung:

Die Größe der alltäglichen Datenmenge übersteigt die Fähigkeit der Computer, diese Datenmengen zu analysieren. Allein durch soziale Netzwerke und mobiles Computing entstehen Datenmengen, die täglich um Terabytes anwachsen, und da diese Daten oft nicht in den Arbeitsspeicher eines Computers geladen werden können, können die meisten buchstäblichen Algorithmen (Algorithmen, die Zugriff auf die gesamte Datenmenge erfordern) nicht verwendet werden. Eine Art von Mustererkennung und Data-Mining-Methode, die zur Analyse von Datenbanken verwendet wird, ist das Clustering. Daher sind Clustering-Algorithmen für große Datensätze wichtig und nützlich. Wir konzentrieren uns auf die spezielle Art des Clustering Kernelized Fuzzy C-

Means (KFCM). Der wörtliche KFCM-Algorithmus hat einen Speicherbedarf von O(n^2). Dabei ist n die Anzahl der Objekte im Datensatz. Daher benötigen selbst Datensätze mit fast 1.000.000 Objekten Terabytes an Arbeitsspeicher, was für die meisten Computer nicht machbar ist. Eine Möglichkeit, dieses Problem zu lösen, besteht in der Verwendung inkrementeller Algorithmen. Diese Algorithmen verarbeiten sequentiell Chunks oder Stichproben der Daten und kombinieren die Ergebnisse der einzelnen Chunks.

• Wir schlagen drei neue inkrementelle KFCM-Algorithmen vor. Das ist rseKFCM (Random sample and extend KFCM) , spKFCM, (Single pass KFCM) , oKFCM (Online KFCM). Wir greifen auf die Leistung dieser Algorithmen zu, indem wir erstens ihre Clustering-Ergebnisse mit denen der buchstäblichen KFCM vergleichen und zweitens zeigen, dass diese Algorithmen eine vernünftige Partitionierung großer Datensätze erzeugen können. rseKFCM ist der effizienteste der drei Algorithmen, der bei niedrigen Abtastraten eine erhebliche Beschleunigung aufweist. Der oKFCM-Algorithmus scheint die genaueste Annäherung an die KFCM zu liefern.

Auf Kosten einer geringen Effizienz empfehlen wir jedoch, rseKFCM mit der höchsten Abtastrate zu verwenden, die für Ihre Berechnungen und Probleme zulässig ist.

2.6 [Sanjay Chakra Borty, N.K.Nagwani] "Analyse und Untersuchung des inkrementellen k-means Clustering Algorithmus". Vol 169, 2011, S. 338-341.

Einleitung:

Die Studie dieses Papiers beschreibt das inkrementelle Verhalten des partitionierungsbasierten k-means Clustering. Diese inkrementelle Clustering ist mit den Clustern Methode Metadaten aus der k-means Ergebnisse erfasst konzipiert. Experimentelle Studie zeigt, dass dieses Clustering Outperformed, wenn die Anzahl der Cluster erhöht, Anzahl der Objekte erhöht Länge des Clusters Radius verringert. Während das inkrementelle Clustering, wenn die Anzahl der neuen Objekte in die bestehende Datenbank eingefügt wird. Beim inkrementellen Ansatz werden die k-Mittel-Clusteralgorithmen auf eine dynamische Datenbank angewendet, in der die Daten häufig aktualisiert werden können. Bei diesem Ansatz wird das neue Clusterzentrum gemessen, indem die neuen Daten direkt aus den Mitteln der vorhandenen Cluster berechnet werden, anstatt den k-means-Algorithmus erneut auszuführen. Auf diese Weise wird beschrieben, bis zu welchem Prozentsatz der Delta-Änderung in der ursprünglichen Datenbank sich das inkrementelle k-means Clustering besser verhält als das aktuelle k-means. Es kann für große mehrdimensionale Datensätze verwendet werden.

2.7 [Yasmina Boughachiche, Nadjet kamel] "A new algorithm for incremental webpage clustering based on k-means and Ant colony optimizations". Vol 287, 2014, pp347-357.

Einleitung:

Das Internet dient als Informationsquelle und das Clustering von Webseiten wird benötigt, um Themen auf einer Seite zu identifizieren. Die Dynamik ist jedoch eine der Herausforderungen beim Clustering im Web, da sich die Webseiten sehr häufig ändern und immer wieder neue Seiten hinzugefügt und entfernt werden. Aus diesem Grund sollten inkrementelle Algorithmen eine geeignete Alternative für das Clustering von Webseiten darstellen. In diesem Papier schlagen wir eine neue hybride Technologie vor, die wir inkrementelles k-Ameisenkolonie-Clustering (IKACC) nennen. Sie basiert auf der Ameisenkolonie-Optimierung und den K-means-Algorithmen. Wir verwenden diesen Ansatz, um die neuen Seiten online zu klassifizieren, und vergleichen ihn mit dem inkrementellen K-means-Algorithmus. Die Ergebnisse zeigen, dass dieser Ansatz effizienter ist und bessere Ergebnisse liefert.

2.8 [Maria Halkidi, Mary Spilio poulou, Aikaterini pavlou] "A Semi-supervised Incremental clustering algorithm for streaming data". Vol 7301, 2012, S. 578-590.

Einleitung:

In dieser Arbeit schlagen wir einen inkrementellen Clustering-Ansatz für die Ausnutzung von Benutzereinschränkungen in Datenströmen vor. Herkömmliche Constraints sind bei Datenströmen nicht sinnvoll, daher erweitern wir den klassischen Begriff des Constraint-Sets zu einem Constraint-Stream und schlagen eine Methode zur Nutzung des Constraint-Streams vor, wenn Datenelemente vergessen werden oder neue Elemente hinzukommen. Außerdem stellen wir einen Online-Clustering-Ansatz für die kostenbasierte Durchsetzung der Constraints während der Clusteranpassung bei sich entwickelnden Datenströmen vor. Mit unseren Methoden wurde das Konzept der Multicluster (m-Cluster) eingeführt, um beliebig geformte Cluster zu erfassen. Ein m-Cluster besteht aus mehreren dichten, sich überlappenden Regionen, den so genannten s-Clustern, von denen jeder effizient durch einen einzigen Punkt dargestellt werden kann. Außerdem wird die Definition von Ausreißer-Clustern vorgeschlagen, um Ausreißer zu behandeln, während Methoden zur Beobachtung von Veränderungen in der Struktur von Clustern bei der Datenentwicklung bereitgestellt werden.

2.9(Fei Wang, Yueming Lu, Fangwei Zhang, Sonlin Sun) "A new method based on fuzzy c-means algorithm for search results clustering". Vol 320, 2013, S. 263-270.

Einleitung:

Der bestehende Fuzzy C-Means (FCM) Clustering-Algorithmus kann die Webdokumente nur mit einer vorher bekannten Clusterzahl c clustern, was in der Praxis unmöglich ist. Eine neue Methode, die auf dem Fuzzy-C-Means-Algorithmus für das Clustering von Suchergebnissen basiert, wird in diesem Papier vorgeschlagen. Die neue Clustering-Methode kombiniert den FCM-Algorithmus mit dem Algorithmus der Affinitätsausbreitung (AP), um das optimale c für die Suchergebnisse zu finden. Es wird bewiesen, dass die neue Methode eine bessere Leistung in Bezug auf die Genauigkeit als die traditionelle Methode beim Clustering von Suchergebnissen hat.

2.10 [T.geweniges, D.zuhllce, B.Hammer, Thomas willmannn] "Fuzzy-Variante der Affinitätsausbreitung im Vergleich zu Median Fuzzy C-Means". Vol 5629, 2009, pp 72- 79.

Einleitung:

In diesem Papier erweitern wir den Crisp-Affinity-Propagation (AP) Cluster-Algorithmus zu einer Fuzzy-Variante. AP ist ein neuer Message-Passing-Algorithmus, der auf der Optimierung des Max-Sum-Algorithmus für Faktor-Graphen basiert. Der vorgeschlagene Fuzzy-Affinity-Propagation-Algorithmus (FAP) liefert Fuzzy-Zuordnungen zu den Cluster-Prototypen, die auf der Interpretation der Wahrscheinlichkeiten des üblichen AP basieren. Um die Leistung von FAP zu bewerten, vergleichen wir die Clustering-Ergebnisse von FAP für unterschiedliche experimentelle und reale Probleme mit Lösungen, die durch den Einsatz von Median FUZZY C-Means (M-FCM) und FUZZY C-Means (FCM) erzielt wurden. Als Maß für die Übereinstimmung von Clustern verwenden wir eine unscharfe Erweiterung von Cohens k auf der Grundlage von t-Normen.

2.11[Dazhong Liu, Wanxuan Lu, Ning Zhong] "Clustering of fMRI data using Affinity propagation. Vol, 6334, 2010, S. 399-409.

Einleitung:

Clustering-Methoden werden häufig für die Analyse von fMRI-Daten (funktionelle Magnetresonanztomographie) verwendet. Sie basieren auf einem effektiven Clustering-Algorithmus namens Affinitätsausbreitung und einem neu definierten Ähnlichkeitsmaß; wir stellen eine Methode zur Erkennung aktivierter Gehirnregionen vor. In dieser vorgeschlagenen Methode werden zunächst die Werte der Autokovarianzfunktion und die euklidische Distanzmetrik der Zeitreihen berechnet und zu einem neuen Ähnlichkeitsmaß kombiniert, dann wird der Affinitätsausbreitungsalgorithmus mit dem Maß auf alle Zeitreihen von Daten angewandt, und schließlich werden die Regionen, deren Kreuzkorrelationskoeffizienten größer als ein Schwellenwert sind, als Aktivierungen genommen, ohne dass die Anzahl der Cluster im Voraus festgelegt wird; unsere Methode eignet sich besonders für die Analyse von fMRI-Daten, die mit einem periodischen experimentellen Paradigma gesammelt wurden.Die Gültigkeit der vorgeschlagenen Methode wird durch Experimente mit einem simulierten Datensatz und einem Benchmark-Datensatz illustriert. Sie kann alle aktivierten Regionen im simulierten Datensatz genau erkennen und ihre Fehlerquote ist ähnlich wie die von K-means.

2.12[A.K.Jain]. "Data clustering: 50 years beyond K-means". Vol. 31, no.8, pp.651-666, June 2009.

Einleitung:

Die Einteilung von Daten in sinnvolle Gruppen ist eine der grundlegendsten Formen des Verstehens und Lernens. Ein gängiges Schema der wissenschaftlichen Klassifizierung ordnet beispielsweise Organismen in ein System von Taxa ein: Domäne, Königreich, Stamm, Klasse usw. Die Clusteranalyse ist die formale Untersuchung von Methoden und Algorithmen zur Gruppierung von Objekten nach gemessenen oder wahrgenommenen intrinsischen Merkmalen oder Ähnlichkeiten. Bei der Clusteranalyse werden keine Kategoriekennzeichnungen verwendet, die Objekte mit vorherigen Identifikatoren, d. h. Klassenbezeichnungen, versehen. Das Fehlen von Kategorieinformationen unterscheidet das Clustering von Daten (unüberwachtes Lernen) von der Klassifizierung oder Diskriminanzanalyse (überwachtes Lernen). Ziel des Clustering ist es, eine Struktur in den Daten zu finden, und daher ist es von Natur aus explorativ. Clustering hat eine lange und reiche Geschichte in einer Vielzahl von wissenschaftlichen Bereichen. Einer der bekanntesten und einfachsten Clustering-Algorithmen, das K-Mittel, wurde erstmals 1955 veröffentlicht. Obwohl K-means vor mehr als 50 Jahren vorgeschlagen wurde und seither Tausende von Clustering-Algorithmen veröffentlicht wurden, wird K-means immer noch häufig verwendet. Dies spricht für die Schwierigkeit, einen universellen Clustering-Algorithmus zu entwerfen, und für das ungelöste Problem des Clustering. Wir geben einen kurzen Überblick über Clustering, fassen bekannte Clustering-Methoden zusammen, erörtern die wichtigsten Herausforderungen und Probleme bei der Entwicklung von Clustering-Algorithmen und weisen auf einige der neuen und nützlichen Forschungsrichtungen hin, darunter semi-supervised clustering, ensemble clustering, simultane Merkmalsauswahl während des Datenclustering und groß angelegte Datenclustering.

2.13 [S. Guha, A. Meyerson, N. Mishra, R. Motwani und L. OCallaghan] "Clustering data streams: Theory and practice". vol. 15, no. 3, S. 515-528, Mai 2003.

Einleitung:

Das Datenstrommodell hat in letzter Zeit aufgrund seiner Anwendbarkeit auf zahlreiche Datentypen, einschließlich Telefonaufzeichnungen, Webdokumente und Klickströme, Aufmerksamkeit erregt. Für die Analyse solcher Daten ist die Fähigkeit, die Daten in einem einzigen Durchgang oder einer kleinen Anzahl von Durchgängen zu verarbeiten und dabei wenig Speicherplatz zu verwenden, von entscheidender Bedeutung. Wir beschreiben einen solchen Streaming-Algorithmus, der große Datenströme effektiv clustert. Wir liefern auch empirische Beweise für die Leistung des Algorithmus bei synthetischen und realen Datenströmen.

2.14 [J. Beringer und E. Hullermeier] "Online clustering of parallel data streams". vol. 58, no. 2, pp. 180- 204, Aug. 2006.

Einleitung:

In den letzten Jahren ist die Verwaltung und Verarbeitung so genannter Datenströme zu einem Thema aktiver Forschung in verschiedenen Bereichen der Informatik geworden, z. B. in verteilten Systemen, Datenbanksystemen und Data Mining. Einen Datenstrom kann man sich grob als eine vorübergehende, kontinuierlich ansteigende Folge von Daten mit Zeitstempeln vorstellen. In dieser Arbeit befassen wir uns mit dem Problem des Clusterns paralleler Ströme von reellwertigen Daten, d. h. sich kontinuierlich entwickelnden Zeitreihen. Mit anderen Worten, wir sind daran interessiert, Datenströme zu gruppieren, deren zeitliche Entwicklung in einem bestimmten Sinne ähnlich ist. Um eine aktuelle Clusterstruktur aufrechtzuerhalten, müssen die eingehenden Daten online analysiert werden, wobei nicht mehr als eine konstante Zeitverzögerung toleriert werden darf. Zu diesem Zweck entwickeln wir eine effiziente Online-Version des klassischen K-means-Clustering-Algorithmus. Die Effizienz unserer Methode ist vor allem auf eine skalierbare Online-Transformation der Originaldaten zurückzuführen, die eine schnelle Berechnung der ungefähren Abstände zwischen den Datenströmen ermöglicht.

2.15 [A. Likas, N. Vlassis und J.J. Verbeek] "Der globale k-means Clustering Algorithmus". vol. 36, no. 2, pp. 451-461, Feb. 2003.

Einleitung:

In diesem Papier wird der globale k-means-Algorithmus vorgestellt, ein inkrementeller Ansatz für die Clusterbildung, bei dem dynamisch ein Clusterzentrum nach dem anderen durch ein deterministisches globales Suchverfahren hinzugefügt wird, das aus N (wobei N die Größe des Datensatzes ist) Ausführungen des k-means-Algorithmus von geeigneten

Ausgangspositionen aus besteht. Wir schlagen auch Modifikationen der Methode vor, um die Rechenlast zu verringern, ohne die Lösungsqualität wesentlich zu beeinträchtigen. Die vorgeschlagenen Clustering-Methoden werden an bekannten Datensätzen getestet und schneiden im Vergleich zum k-means-Algorithmus mit zufälligen Neustarts gut ab.

2.16 [A.M. Alonso, J.R. Berrendero, A. Hernandez, A. Justel] "Zeitreihen-Clustering auf der Grundlage von Vorhersagedichten". vol. 51, no. 2, pp. 762-776, Nov. 2006.

Einleitung:

Es wird eine neue Clustermethode für Zeitreihen vorgeschlagen, die auf der vollständigen Wahrscheinlichkeitsdichte der Prognosen beruht. Zunächst liefert eine Resampling-Methode in Kombination mit einem nichtparametrischen Kernelschätzer Schätzungen der Vorhersagedichten. Anschließend wird ein Maß für die Diskrepanz zwischen diesen Schätzungen definiert, und die daraus resultierende Unähnlichkeitsmatrix wird zur Durchführung der erforderlichen Clusteranalyse verwendet. Es werden Anwendungen dieser Methode sowohl auf simulierte als auch auf reale Datensätze diskutiert.

2.17 [B.J. Frey und D. Dueck] "Response to Comment on "Clustering by Passing Messages Between Data Points". vol. 319, no. 5864, S. 726a-726d, Feb. 2008.

Einleitung:

Die Affinitätsausbreitung (AP) kann als eine Verallgemeinerung der Vertex-Substitutions-Heuristik (VSH) betrachtet werden, bei der probabilistische Exemplar-Substitutionen gleichzeitig durchgeführt werden. Obwohl die Ergebnisse bei kleinen Datensätzen (≤ 900 Punkte) zeigen, dass VSH mit AP konkurrieren kann, erwies sich VSH bei mittelgroßen bis großen Problemen als untragbar langsam, während AP viel schneller war und einen geringeren Fehler erzielen konnte. Affinitätsfortpflanzung (AP) ist ein Algorithmus, der Daten clustert und exemplarische Datenpunkte identifiziert, die für die Zusammenfassung und anschließende Analyse verwendet werden können (1). In den letzten 40 Jahren wurden Dutzende von Clustering-Algorithmen entwickelt, aber in (1) verglichen wir AP mit drei häufig verwendeten Methoden und stellten fest, dass AP Lösungen mit geringerem Fehler finden kann und dies viel schneller. Brusco und Köhn (2) verglichen AP mit dem besten von 20 Durchläufen einer 1997 beschriebenen, zufällig initialisierten Vertex-Substitutions-Heuristik (VSH) (3), die auf einer zuvor eingeführten Methode (4) beruht. Sie fanden heraus, dass VSH für einige kleine Datensätze (≤ 900 Datenpunkte) bei ähnlichem Zeitaufwand einen geringeren Fehler als AP erzielt. Wir haben diese Ergebnisse anschließend bestätigt, aber keine sachlichen Fehler in unserem ursprünglichen Bericht gefunden. Interessanterweise haben wir bei der Untersuchung größerer, komplexerer Datensätze festgestellt, dass AP in einem Bruchteil der Zeit einen geringeren Fehler als VSH erreichen kann (5). VSH benötigte ~ 10 Tage, um 454 Cluster in 17.770 Netflix-Filmen zu finden, während AP ~ 2 Stunden benötigte und einen geringeren Fehler erzielte.

2.18[J. Pearl] "Fusion, Ausbreitung und Strukturierung in Glaubensnetzen". vol. 29, no. 3,pp. 241-288, 1986.

Einleitung:

Glaubensnetze sind gerichtete azyklische Graphen, in denen die Knoten Propositionen (oder Variablen) darstellen, die Bögen direkte Abhängigkeiten zwischen den verbundenen Propositionen bedeuten und die Stärke dieser Abhängigkeiten durch bedingte Wahrscheinlichkeiten quantifiziert wird. Ein solches Netz kann zur Darstellung des allgemeinen Wissens eines Fachmanns verwendet werden und wird zu einer Rechenarchitektur, wenn die Verknüpfungen nicht nur zur Speicherung von Faktenwissen, sondern auch zur Lenkung und Aktivierung des Datenflusses in den Berechnungen, die dieses Wissen verarbeiten, verwendet werden.

• Der erste Teil des Papiers befasst sich mit der Aufgabe, die Auswirkungen neuer Informationen in den Netzen so zu fusionieren und zu propagieren, dass bei Erreichen eines Gleichgewichts jeder Aussage ein Glaubensmaß zugewiesen wird, das mit den Axiomen der Wahrscheinlichkeitstheorie übereinstimmt. Es wird gezeigt, dass, wenn das Netzwerk einfach verbunden ist (z.B. baumstrukturiert), die Wahrscheinlichkeiten durch lokale Ausbreitung in einem isomorphen Netzwerk von parallelen und autonomen Prozessoren aktualisiert werden können und dass die Auswirkungen der neuen Informationen allen Propositionen in einer Zeit proportional zum längsten Pfad im Netzwerk vermittelt werden können.

• Der zweite Teil des Papiers befasst sich mit dem Problem, eine baumstrukturierte Darstellung für eine Sammlung probabilistisch gekoppelter Aussagen unter Verwendung von Hilfsvariablen (Dummy-Variablen) zu finden, die umgangssprachlich "versteckte Ursachen" genannt werden. Es wird gezeigt, dass, wenn eine solche baumstrukturierte Darstellung existiert, es möglich ist, die Topologie des Baumes durch Beobachtung der paarweisen Abhängigkeiten zwischen den verfügbaren Aussagen (d.h. den Blättern des Baumes) eindeutig aufzudecken. Die gesamte Baumstruktur, einschließlich der Stärken aller internen Beziehungen, kann in einer Zeit proportional zu n log n rekonstruiert werden, wobei n die Anzahl der Blätter ist.

2.19 [F.R. Kschischang, B.J. Frey, and H.A. Loeliger] "Factor graphs and the sum-product algorithm". vol. 47, no. 2, pp. 498-519, Feb. 2001.

Einleitung:

Algorithmen, die sich mit komplizierten globalen Funktionen vieler Variablen befassen müssen, nutzen oft die Art und Weise aus, in der die gegebenen Funktionen als Produkt "lokaler" Funktionen faktorisiert werden, von denen jede von einer Teilmenge der Variablen abhängt. Eine solche Faktorisierung kann mit einem zweiseitigen Graphen visualisiert werden, den wir als Faktor-Graph bezeichnen. In diesem Tutorial stellen wir einen generischen Message-Passing-Algorithmus vor, den Summen-Produkt-Algorithmus, der in einem Faktor-Graphen arbeitet. Nach einer einzigen, einfachen Rechenregel berechnet der Summenprodukt-Algorithmus - entweder exakt oder näherungsweise - verschiedene Randfunktionen, die von der globalen Funktion abgeleitet sind. Eine Vielzahl von Algorithmen, die in der künstlichen Intelligenz, der Signalverarbeitung und der digitalen Kommunikation entwickelt wurden, können als spezifische Instanzen des Summenprodukt-Algorithmus abgeleitet werden, darunter der Vorwärts-Rückwärts-Algorithmus, der Viterbi-Algorithmus, der iterative "Turbo"-Dekodierungsalgorithmus, Pearls (1988) Belief-Propagation-Algorithmus für Bayes'sche Netze, der Kalman-Filter und bestimmte Fast-Fourier-Transformations-Algorithmen (FFT)

2.20 [J.S. Yedidia, W.T. Freeman, and Y. Weiss] "Constructing free-energy approximations and generalized belief propagation algorithms". vol. 51, no. 7, pp. 2282- 2312, July 2005.

Einleitung:

Die wichtigen Inferenzprobleme in der statistischen Physik, dem Computersehen, der Theorie der fehlerkorrigierenden Kodierung und der künstlichen Intelligenz können alle als Berechnung von Grenzwahrscheinlichkeiten auf Faktorgraphen umformuliert werden. Der Belief Propagation (BP) Algorithmus ist ein effizientes Verfahren zur Lösung dieser Probleme, das exakt ist, wenn der Faktorgraph ein Baum ist, aber nur annähernd, wenn der Faktorgraph Zyklen hat. Wir zeigen, dass BP-Fixpunkte den stationären Punkten der Bethe-Approximation der freien Energie für einen Faktorgraphen entsprechen. Wir erläutern, wie man regionenbasierte Approximationen der freien Energie erhält, die die Bethe-Approximation verbessern, sowie entsprechende Algorithmen der verallgemeinerten Glaubensfortpflanzung (GBP). Wir betonen die Bedingungen, die eine Approximation der freien Energie erfüllen muss, um eine "gültige" oder "maximal normale" Approximation zu sein. Wir beschreiben die Beziehung zwischen vier verschiedenen Methoden, die zur Erzeugung gültiger Näherungen verwendet werden können: die "Bethe-Methode", die "Junction-Graph-Methode", die "Cluster-Variations-Methode" und die "Region-Graph-Methode". Schließlich erläutern wir, wie man feststellen kann, ob eine regionenbasierte Approximation und der entsprechende GBP-Algorithmus wahrscheinlich genau sind, und beschreiben empirische Ergebnisse, die zeigen, dass GBP deutlich besser sein kann als BP.

2.21 [Brendan J. Frey, Delbert Dueck] "Clustering durch Übermittlung von Nachrichten zwischen Datenpunkten".

Einleitung:

Das Clustern von Daten durch Identifizierung einer Untergruppe repräsentativer Beispiele ist wichtig für die Verarbeitung sensorischer Signale und die Erkennung von Mustern in Daten. Solche "Exemplare" können durch die zufällige Auswahl einer anfänglichen Teilmenge von Datenpunkten und ihre anschließende Verfeinerung gefunden werden, was jedoch nur dann gut funktioniert, wenn die anfängliche Auswahl nahe an einer guten Lösung liegt. Wir haben eine Methode mit der Bezeichnung "Affinitätsausbreitung" entwickelt, die Ähnlichkeitsmaße zwischen Datenpunktpaaren als Eingabe verwendet. Zwischen den Datenpunkten werden Nachrichten mit reellen Werten ausgetauscht, bis sich allmählich eine qualitativ hochwertige Gruppe von Beispielen und entsprechenden Clustern herausbildet. Wir haben die Affinitätspropagation verwendet, um Bilder von Gesichtern zu clustern, Gene in Microarray-Daten zu erkennen, repräsentative Sätze in diesem Manuskript zu identifizieren und Städte zu ermitteln, die effizient mit dem Flugzeug erreichbar sind. Die Affinitätspropagation fand Cluster mit einem viel geringeren Fehler als andere Methoden, und das in weniger als einem Hundertstel der Zeit.

2.22. [H. Geng, X. Deng und H. Ali] "Ein neuer Clustering-Algorithmus mit Nachrichtenübermittlung und seine Anwendungen bei der Analyse von Microarray-Daten". Proc. Fourth Int'l Conf. Machine Learning and Applications (ICMLA '05), 2005 .

Einleitung:

In dieser Arbeit haben wir einen neuen Clustering-Algorithmus vorgeschlagen, der das Konzept der Nachrichtenübermittlung nutzt, um parallele und spontane biologische Prozesse zu beschreiben. Inspiriert von realen Situationen, in denen Menschen in großen Versammlungen durch den Austausch von Nachrichten Gruppen bilden, ermöglicht das Message Passing Clustering (MPC) die Kommunikation von Datenobjekten untereinander und die parallele Bildung von Clustern, wodurch der Clustering-Prozess intrinsisch wird und die Clustering-Leistung verbessert wird. Wir haben bewiesen, dass MPC Ähnlichkeiten mit dem hierarchischen Clustering aufweist, aber eine deutlich bessere Leistung bietet, da es sowohl die lokale als auch die globale Struktur berücksichtigt. MPC kann leicht in einer parallelen Computerplattform implementiert werden, um die Geschwindigkeit zu erhöhen. Um die MPC-Methode zu validieren, haben wir MPC auf Microarray-Daten aus der Stanford Hefe-Zellzyklus-Datenbank angewendet. Die Ergebnisse zeigen, dass MPC bessere Clustering-Lösungen in Bezug auf Homogenität und Trennungswerte liefert als andere Clustering-Methoden.

2.23 [X. Zhang, C. Furtlehner und M. Sebag] "Frugal and Online Affinity Propagation" Proc. Conf. francophone sure l'Apprentissage (CAP '08), 2008.

Einleitung:

Ein neuer Daten-Clustering-Algorithmus, die Affinity Propagation, leidet unter seiner quadratischen Komplexität in Abhängigkeit von der Anzahl der Datenelemente. Es wurden mehrere Erweiterungen der Affinity Propagation vorgeschlagen, die auf Online-Clustering im Rahmen des Datenstroms abzielen. Erstens wird der Fall von mehrfach definierten Elementen oder gewichteten Elementen mit Weighted Affinity Propagation (WAP) behandelt. Zweitens wird mit Hierarchical AP eine verteilte AP erreicht und WAP verwendet, um die aus Teilmengen gelernten Exemplarsätze zusammenzuführen. Auf der Grundlage dieser beiden Bausteine führt der dritte Algorithmus Incremental Affinity Propagation auf Datenströmen durch. Die Arbeit validiert die beiden Algorithmen sowohl auf Benchmark- als auch auf realen Datensätzen. Die experimentellen Ergebnisse zeigen, dass die vorgeschlagenen Ansätze besser abschneiden als K-Zentren-basierte Ansätze.

2.24 [L. Ott und F. Ramos] "Unsupervised Incremental Learning for Long-Term Autonomy" Proc. 2012 IEEE Int. Conf. Robotics and Automation (ICRA '12), S. 4022- 4029, Mai 2012.

Einleitung:

Wir stellen einen Ansatz zum automatischen Lernen des visuellen Erscheinungsbildes einer Umgebung in Form von Objektklassen vor. Das Verfahren ist völlig unüberwacht, inkrementell und kann in Echtzeit ausgeführt werden. Eine inkrementelle Version der Affinitätsausbreitung, ein modernes Clustering-Verfahren, wird verwendet, um Bildfelder in Gruppen mit ähnlichem Erscheinungsbild zu gruppieren. Für jedes dieser Cluster erhalten wir die Wahrscheinlichkeit, dass ein Hindernis durch die Interaktion des Roboters mit der Umgebung dargestellt wird. Diese Informationen ermöglichen es dem Roboter dann, allein auf der Grundlage visueller Informationen sicher durch die Umgebung zu navigieren. Experimentelle Ergebnisse zeigen, dass unsere Methode aussagekräftige Cluster aus den Bildern extrahiert und das Aussehen von Objekten effizient erlernt. Wir zeigen, dass der Ansatz sowohl für Innen- als auch für Außenumgebungen geeignet ist und dass sich der Lernaufwand verringert, wenn der Roboter die Umgebung erkundet. Dies ist eine grundlegende Eigenschaft für autonome Anpassung und langfristige Autonomie.

2.25 [X.H. Shi, R.C. Guan, L.P. Wang, Z.L. Pei, and Y.C. Liang] "An incremental affinity propagation algorithm and its applications for text clustering". Proc. Int'l Joint Conf. Neural Networks (IJCNN'09), S. 2914-2919, Juni 2009.

Einleitung:

Affinitätsvermehrung ist ein beeindruckender Clustering-Algorithmus, der 2007 in Science veröffentlicht wurde. Allerdings konnte der ursprüngliche Algorithmus nicht direkt mit teilweise bekannten Daten umgehen. Mit Blick auf dieses Problem wird in dem Papier ein halbüberwachtes Verfahren namens inkrementelles Affinitätspropagations-Clustering vorgeschlagen. In diesem Schema werden die bereits bekannten Informationen durch die Anpassung der Ähnlichkeitsmatrix dargestellt. Außerdem wird eine inkrementelle Studie angewandt, um das Vorwissen zu erweitern. Um die Wirksamkeit der Methode zu untersuchen, konzentrieren wir uns auf das Problem des Textclusterns und beschreiben die spezifische Methode entsprechend. Die Methode wird auf den Benchmark-Datensatz Reuters-21578 angewandt. Die numerischen Ergebnisse zeigen, dass die vorgeschlagene Methode sehr gut auf dem Datensatz funktioniert und die meisten Vorteile gegenüber zwei anderen häufig verwendeten Clustering-Methoden hat.

2.26 [C. Yang, L. Bruzzone, R.C. Guan, L. Lu und Y.C. Liang] "Incremental and Decremental Affinity Propagation for Semisupervised Clustering in Multispectral" IEEE Trans. Geosci. And Remote Sens., vol. 51, no. 3, pp. 1666-1679, Mar. 2013.

Einleitung:

Das Clustering wird zur Identifizierung der Bodenbedeckung in Fernerkundungsbildern verwendet, wenn keine Trainingsdaten verfügbar sind. Bei vielen Anwendungen ist es jedoch oft möglich, eine kleine Anzahl von beschrifteten Proben zu sammeln. Um diese kleine Anzahl von markierten Proben in Kombination mit einer Vielzahl von unmarkierten Daten effektiv zu nutzen, stellen wir eine neuartige halb-überwachte Clustering-Technik [inkrementelle und dekrementelle Affinitätsausbreitung (ID-AP)] vor, die markierte Exemplare in den AP-Algorithmus einbezieht. Im Gegensatz zu standardmäßigen halbüberwachten Clustering-Methoden verbessert das vorgeschlagene Verfahren die Leistung, indem es sowohl die markierten Beispiele zur Anpassung der Ähnlichkeitsmatrix als auch ein ID-Lernprinzip zur Auswahl unmarkierter Daten bzw. zur Zurückweisung unbrauchbarer markierter Beispiele verwendet. Dies vermeidet sowohl das Dilemma der Lernverzerrung als auch das der Stabilität und Plastizität. Um die Effektivität des vorgeschlagenen ID-AP-Verfahrens zu bewerten, wurde die experimentelle Analyse an drei verschiedenen Arten von Multispektralbildern mit unterschiedlichen Anteilen an markierten Proben durchgeführt. In der Analyse wurden auch die Genauigkeit und die Stabilität von zwei halbüberwachten Clustering-Algorithmen [d.h. constrained k-means und semi supervised AP (SAP)] und einem inkrementellen halbüberwachten Clustering-Algorithmus (d.h. inkrementelles SAP)

34

untersucht. Die experimentellen Ergebnisse zeigen, dass das vorgeschlagene ID-AP-Verfahren die intrinsische Beziehung zwischen den beschrifteten Proben und den unbeschrifteten Daten angemessen erfasst und in vollem Umfang nutzt und eine bessere Leistung erbringt als die anderen betrachteten Verfahren.

2.27[C.C. Aggarwal, J. Han, J. Wang und P.S. Yu]. "A framework for clustering evolving data streams". Proc. 29th Int'l Conf. Very Large, Data Bases (VLDB '03), S. 81-92, 2003.

Einleitung:

Das Clustering-Problem ist ein schwieriges Problem für den Bereich der Datenströme. Dies liegt daran, dass die meisten traditionellen Algorithmen aufgrund der großen Datenmengen, die in einem Datenstrom ankommen, zu ineffizient sind. In den letzten Jahren wurden einige One-Pass-Clustering-Algorithmen für das Datenstromproblem entwickelt. Obwohl solche Methoden die Skalierbarkeitsprobleme des Clustering-Problems angehen, sind sie im Allgemeinen blind für die Entwicklung der Daten und gehen nicht auf die folgenden Probleme ein: (1) Die Qualität der Cluster ist schlecht, wenn sich die Daten im Laufe der Zeit stark verändern. (2) Ein Algorithmus zum Clustering von Datenströmen erfordert eine viel größere Funktionalität bei der Entdeckung und Untersuchung von Clustern in verschiedenen Teilen des Stroms. Die weit verbreitete Praxis, Clustering-Algorithmen für Datenströme als eine Klasse von One-Pass-Clustering-Algorithmen zu betrachten, ist aus Sicht der Anwendung nicht sehr nützlich. So wird beispielsweise ein einfacher One-Pass-Clustering-Algorithmus über einen gesamten Datenstrom von einigen Jahren von der veralteten Geschichte des Stroms dominiert. Die Untersuchung des Datenstroms in verschiedenen Zeitfenstern kann den Nutzern ein viel tieferes Verständnis für das sich entwickelnde Verhalten der Cluster vermitteln. Gleichzeitig ist es nicht möglich, ein dynamisches Clustering über alle möglichen Zeithorizonte für einen Datenstrom mit auch nur mäßig großem Volumen gleichzeitig durchzuführen.1 In diesem Beitrag wird eine grundlegend andere Philosophie für das Clustering von Datenströmen diskutiert, die sich an anwendungszentrierten Anforderungen orientiert. Die Idee ist die Aufteilung des Clustering-Prozesses in eine Online-Komponente, die periodisch detaillierte zusammenfassende Statistiken speichert, und eine Offline-Komponente, die nur diese zusammenfassenden Statistiken verwendet. Die Offline-Komponente wird vom Analysten genutzt, der eine Vielzahl von Eingaben (z. B. Zeithorizont oder Anzahl der Cluster) verwenden kann, um ein schnelles Verständnis für die breiten Cluster im Datenstrom zu erhalten. Die Probleme der effizienten Auswahl, Speicherung und Nutzung dieser statistischen Daten für einen schnellen Datenstrom erweisen sich als recht knifflig. Zu diesem Zweck verwenden wir die Konzepte eines pyramidalen Zeitrahmens in Verbindung mit einem Mikro-Clustering-Ansatz. Unsere Leistungsexperimente mit einer Reihe von realen und synthetischen Datensätzen veranschaulichen die Effektivität, Effizienz und die Erkenntnisse, die unser Ansatz liefert.

**2.28 [D. Chakrabarti, R. Kumar und A. Tomkins: "Evolutionäres Clustering".
Proc. Knowledge Discovery and Data Mining (KDD "'06), pp.554-560, Aug. 2006.**

Einleitung:

Wir betrachten das Problem des Clusterns von Daten im Laufe der Zeit. Ein evolutionäres Clustering sollte gleichzeitig zwei potenziell widersprüchliche Kriterien optimieren: Erstens sollte das Clustering zu jedem Zeitpunkt den aktuellen Daten so weit wie möglich treu bleiben, und zweitens sollte sich das Clustering von einem Zeitschritt zum nächsten nicht dramatisch verändern. Wir stellen einen allgemeinen Rahmen für dieses Problem vor und diskutieren evolutionäre Versionen von zwei weit verbreiteten Clustering-Algorithmen innerhalb dieses Rahmens: k-means und agglomeratives hierarchisches Clustering. Wir evaluieren diese Algorithmen ausgiebig an realen Datensätzen und zeigen, dass unsere Algorithmen gleichzeitig sowohl eine hohe Genauigkeit bei der Erfassung heutiger Daten als auch eine hohe Genauigkeit bei der Wiedergabe des Clustering von gestern erreichen können.

2.29[M. Charikar, C. Chekuri, T. Feder, R. Motwani] "Incremental clustering and dynamic information retrieval". Proc. ACM Symp. Theory of Computing (STOC '97), S. 626-635, 1997.

Einleitung:

Motiviert durch Anwendungen wie die Klassifizierung von Dokumenten und Bildern im Information Retrieval, betrachten wir das Problem des Clusterns dynamischer Punktmengen in einem metrischen Raum. Wir schlagen ein Modell vor, das als inkrementelles Clustering bezeichnet wird und auf einer sorgfältigen Analyse der Anforderungen der Information Retrieval-Anwendung basiert und auch für andere Anwendungen nützlich sein sollte. Das Ziel ist es, Cluster mit kleinem Durchmesser effizient zu erhalten, wenn neue Punkte eingefügt werden. Wir analysieren mehrere natürliche gierige Algorithmen und zeigen, dass sie schlecht abschneiden. Wir schlagen neue deterministische und randomisierte inkrementelle Clustering-Algorithmen vor, die eine nachweislich gute Leistung haben und die unserer Meinung nach auch in der Praxis gut funktionieren sollten. Wir ergänzen unsere positiven Ergebnisse mit unteren Schranken für die Leistung inkrementeller Algorithmen. Schließlich betrachten wir das duale Clustering-Problem, bei dem die Cluster einen festen Durchmesser haben und das Ziel darin besteht, die Anzahl der Cluster zu minimieren.

2.30 [A.M. Bagirov, J. Ugon, and D. Webb] "Fast modified global k-means algorithm for incremental cluster construction. Pattern Recognition", vol. 44, no. 4, pp. 866-876, Nov. 2011.

Einleitung:

Der k-means-Algorithmus und seine Varianten sind als schnelle Clustering-Algorithmen bekannt. Sie reagieren jedoch empfindlich auf die Wahl der Startpunkte und sind ineffizient für die Lösung von Clustering-Problemen in großen Datenbeständen. Kürzlich wurden inkrementelle Ansätze entwickelt, um die Probleme mit der Wahl der Startpunkte zu lösen. Der globale k-means-Algorithmus und der modifizierte globale k-means-Algorithmus beruhen auf einem solchen Ansatz. Sie fügen iterativ ein Clusterzentrum nach dem anderen hinzu. Numerische Experimente zeigen, dass diese Algorithmen den k-means-Algorithmus erheblich verbessern. Sie erfordern jedoch die Speicherung der gesamten Affinitätsmatrix oder die Berechnung dieser Matrix bei jeder Iteration. Dies macht beide Algorithmen zeit- und speicheraufwendig für das Clustering selbst mäßig großer Datensätze. In diesem Papier wird eine neue Version des modifizierten globalen k-means-Algorithmus vorgeschlagen. Wir führen eine Hilfsclusterfunktion ein, um eine Reihe von Startpunkten zu erzeugen, die in verschiedenen Teilen des Datensatzes liegen. Wir nutzen die in früheren Iterationen des inkrementellen Algorithmus gesammelten Informationen, um die Berechnung oder Speicherung der gesamten Affinitätsmatrix überflüssig zu machen und dadurch den Rechenaufwand und den Speicherbedarf zu verringern. Die Ergebnisse numerischer Experimente an sechs Standarddatensätzen zeigen, dass der neue Algorithmus effizienter ist als der globale und der modifizierte globale k-means-Algorithmus.

2.31 [C. Du, J. Yang, Q. Wu, and T. Zhang] "Face Recognition Using Message Passing Based Clustering Method". Journal of Visual Communication and Image Representation, Vol. 20, no. 8, pp. 608-613, Nov. 2009.

Einleitung:

Die traditionellen Unterraumanalysemethoden sind ineffizient und neigen dazu, durch Rauschen beeinträchtigt zu werden, da sie das Testbild mit allen Trainingsbildern vergleichen, insbesondere wenn es eine große Anzahl von Trainingsbildern gibt. Um dieses Problem zu lösen, schlagen wir eine schnelle Gesichtserkennungstechnik (FR) namens APLDA vor, die eine neuartige Clustermethode, die Affinitätsausbreitung (AP), mit der linearen Diskriminanzanalyse (LDA) kombiniert. Durch die Anwendung von AP auf die reduzierten Merkmale, die von LDA abgeleitet wurden, kann ein repräsentatives Gesichtsbild für jedes Subjekt erreicht werden. Daher verwendet unsere APLDA nur die repräsentativen Bilder und nicht alle Trainingsbilder zur Identifizierung. Offensichtlich ist APLDA viel rechenintensiver als Fisher Face. Im Gegensatz zu Fisher Face, der einen

Musterklassifikator zur Identifizierung verwendet, führt APLDA die Identifizierung durch, indem es das Testbild noch einmal in eines der repräsentativen Bilder gruppiert. Die experimentellen Ergebnisse zeigen auch, dass APLDA die Erkennungsrate von Fisher Face übertrifft.

2.32 [J. Zhang, X. Tuo, Z. Yuan, W. Liao, and H. Chen] "Analysis of fMRI Data Using an Integrated Principal Component Analysis and Supervised Affinity Propagation Clustering Approach". IEEE Trans. Biomedical Eng., vol. 58, no. 11, pp. 3184-3196, Nov. 2011.

Einleitung:

Die Clustering-Analyse ist eine vielversprechende datengesteuerte Methode zur Analyse von Zeitreihendaten der funktionellen Magnetresonanztomographie (fMRI). Der enorme Rechenaufwand stellt diese Technik jedoch vor praktische Schwierigkeiten. Wir stellen einen neuen Ansatz vor, der die Hauptkomponentenanalyse (PCA) und das überwachte Affinitätsausbreitungsclustering (SAPC) integriert. Bei dieser Methode werden die fMRI-Daten zunächst mit PCA verarbeitet, um ein vorläufiges Bild der Gehirnaktivierung zu erhalten. SAPC wird dann verwendet, um verschiedene funktionelle Aktivierungsmuster des Gehirns zu erkennen. Wir haben einen überwachten Silhouette-Index verwendet, um die Clustering-Qualität zu optimieren und automatisch nach dem optimalen Parameter p in SAPC zu suchen, so dass das grundlegende Affinitätsausbreitungs-Clustering durch die Anwendung von SAPC verbessert wird. Vier Simulationsstudien und Tests mit drei in vivo fMRI-Datensätzen, die Daten sowohl aus Block-Design- als auch aus ereigniskorrelierten Experimenten enthielten, zeigten, dass die funktionelle Hirnaktivierung mit unserer integrierten Methode effektiv erkannt und verschiedene Reaktionsmuster unterschieden werden konnten. Darüber hinaus war die verbesserte SAPC-Methode sowohl bei Block-Design- als auch bei ereigniskorrelierten fMRI-Daten den k-Zentren-Clustern und hierarchischen Clustermethoden überlegen, gemessen am durchschnittlichen quadratischen Fehler. Diese Ergebnisse deuten darauf hin, dass der von uns vorgeschlagene neue integrierte Ansatz für die Erkennung der funktionellen Aktivierung des Gehirns sowohl in Block-Design- als auch in ereigniskorrelierten experimentellen fMRI-Daten nützlich sein wird.

2.33 [Y. He, Q. Chen, X. Wang, R. Xu, X. Bai und X. Meng]. "Ein adaptives Affinitätsausbreitungs-Dokumentenclustering". Proc. the 7th Int'l Conf. Informatics and Systems (INFOS '10), S. 1-7, März 2010.

Einleitung:

Der Standard-Affinitätsvermehrungs-Clustering-Algorithmus leidet unter der Einschränkung, dass es schwierig ist, den Wert des Parameters und der Präferenz zu kennen, der zu einer optimalen Clustering-Lösung führen kann. Um diese Einschränkung zu überwinden, schlagen wir in diesem Papier eine adaptive Affinitätsausbreitungsmethode vor. Die Methode ermittelt zunächst den Bereich der Präferenzen und sucht dann im Raum der Präferenzen nach einem guten Wert, der das Clustering-Ergebnis optimieren kann. Wir wenden die Methode auf das Clustering von Dokumenten an und vergleichen sie mit der Standard-Affinitätsvermehrung und der K-Means-Clustermethode in realen Datensätzen. Die experimentellen Ergebnisse zeigen, dass die von uns vorgeschlagene Methode bessere Clustering-Ergebnisse erzielen kann.

2.34 [H. Ma, X. Fan, J. Chen] "An Incremental Chinese Text Classification Algorithm Based on Quick Clustering". Proc. 2008 International Symposiums on Information Processing (ISIP '08), S. 308-312, Mai 2008.

Einleitung:

Die meisten konventionellen inkrementellen Lernalgorithmen führen inkrementelles Lernen durch, indem sie jeweils nur eine optimierte Textprobe auswählen, was weder die Beziehung zwischen den Texten im unbeschrifteten Textsatz berücksichtigt, noch die inkrementelle Lerneffizienz verbessert. Darüber hinaus wird der ausgewählte optimierte Text aufgrund der unzureichenden Informationsspeicherung des Klassifikators leicht falsch klassifiziert. Die Folge der Auswahl eines falsch beschrifteten Textes ist eine geringere Präzision beim inkrementellen Lernen. Um die oben genannten Probleme zu überwinden, wird in diesem Papier ein neuer inkrementeller Lernalgorithmus vorgeschlagen, der auf schnellem Clustering basiert. Einerseits verbessert er die inkrementelle Lerneffizienz durch Clustering aller ähnlichen Texte in der unbeschrifteten Textmenge. Alle Texte, die die Zentren von Textclustern sind, werden als repräsentative Textmenge ausgewählt. Der inkrementelle Lernprozess besteht dann darin, Texte in der repräsentativen Textmenge mit einer Verlustquote von 0-1 auszuwählen. Andererseits wird zur Verbesserung der inkrementellen Lernpräzision eine neue Methode zur Auswahl einer angemessenen Lernsequenz vorgeschlagen, die nicht nur die positiven Auswirkungen der reiferen Daten auf die Klassifikation verstärkt, sondern auch die negativen Auswirkungen der verrauschten Daten abschwächt. Die experimentellen Ergebnisse zeigen, dass sowohl die Klassifizierungseffizienz als auch die Präzision durch die Verwendung des Algorithmus erhöht werden.

2.35 [L. Nicolas] "Neue inkrementelle Fuzzy C Medoids Clustering Algorithmen".
Proc. 2010 Annual Meeting of the North American on Fuzzy Information Processing
Society (NAFIPS '10), S. 1-6, Juli 2010.

Einleitung:

In diesem Papier werden zwei neue inkrementelle Fuzzy-C-Medoid-Clustering-Algorithmen für sehr große Datensätze vorgeschlagen. Diese Algorithmen sind auf die Arbeit mit kontinuierlichen Datenströmen zugeschnitten, bei denen nicht unbedingt alle Daten auf einmal verfügbar sind oder nicht in den Hauptspeicher passen. Einige Fuzzy-Algorithmen bieten bereits Lösungen für die Verwaltung großer Datenmengen in ähnlicher Weise an, beschränken sich aber im Allgemeinen auf räumliche Datenmengen, um die Komplexität der Medoidberechnung zu vermeiden. Unsere Methoden behalten die Vorteile der Fuzzy-Ansätze bei und fügen die Fähigkeit hinzu, große relationale Datensätze zu verarbeiten, indem sie den kontinuierlichen Eingabestrom von Daten als eine Menge von Datenbrocken betrachten, die sequentiell verarbeitet werden. Es werden zwei verschiedene Modelle vorgeschlagen, um die aus jedem Datenpaket entdeckten Informationen zu aggregieren und die endgültige Partition des Datensatzes zu erstellen. Unsere neuen Algorithmen werden mit modernsten Fuzzy-Clustering-Algorithmen auf künstlichen und realen Datensätzen verglichen. Die Experimente zeigen, dass unsere neuen Ansätze den bestehenden Algorithmen sehr nahe kommen, wenn nicht sogar besser sind, und gleichzeitig die Möglichkeit bieten, relationale Daten zu verarbeiten, um den Anforderungen realer Anwendungen besser gerecht zu werden.

2.36.[R. Xu, and D. Wunsch] "Survey of clustering algorithms". IEEE Trans.
Neural Networks, vol. 16, no. 3, S. 645-677, Mai 2005.

Einleitung:

Die Datenanalyse spielt eine unverzichtbare Rolle für das Verständnis verschiedener Phänomene. Die Clusteranalyse, die primitive Erkundung mit wenig oder gar keinem Vorwissen, besteht aus Forschungen, die in einer Vielzahl von Gemeinschaften entwickelt wurden. Diese Vielfalt gibt uns einerseits viele Werkzeuge an die Hand. Andererseits führt die Fülle der Möglichkeiten auch zu Verwirrung. Wir geben einen Überblick über Clustering-Algorithmen für Datensätze aus der Statistik, der Informatik und dem maschinellen Lernen und veranschaulichen ihre Anwendungen in einigen Benchmark-Datensätzen, dem Travelling-Salesman-Problem und der Bioinformatik, einem neuen Gebiet, das intensive Bemühungen anzieht. Mehrere eng verwandte Themen, wie Proximity Measure und Cluster-Validierung, werden ebenfalls diskutiert.

2.38 [N.X. Vinh, and J. Bailey] "Informationstheoretische Maße für Clustering sind Vergleiche: ist eine Korrektur für den Zufall notwendig". Proc. 26th Int'l Conf. Machine Learning (ICML '09), 2009.

Einleitung:

Die auf der Informationstheorie basierenden Maße bilden eine grundlegende Klasse von Ähnlichkeitsmaßen für den Vergleich von Clustern, neben der Klasse der auf Paarzählung und Set-Matching basierenden Maße. In diesem Papier diskutieren wir die Notwendigkeit einer Zufallskorrektur für informationstheoretische Maße für den Vergleich von Clustern. Wir stellen fest, dass die Basislinie für solche Maße, d.h. der Durchschnittswert zwischen zufälligen Partitionen eines Datensatzes, keinen konstanten Wert annimmt und zu größeren Schwankungen neigt, wenn das Verhältnis zwischen der Anzahl der Datenpunkte und der Anzahl der Cluster klein ist. Dieser Effekt ist bei einigen anderen, nicht informationstheoretisch begründeten Maßen wie dem bekannten Rand-Index ähnlich. Unter der Annahme eines hypergeometrischen Zufallsmodells leiten wir die analytische Formel für den erwarteten gegenseitigen Informationswert zwischen einem Paar von Clustern ab und schlagen dann die angepasste Version für mehrere beliebte informationstheoretische Maße vor. Anhand einiger Beispiele wird die Notwendigkeit und Nützlichkeit der angepassten Maße aufgezeigt.

2.39 (L. Chisci, A. Mavino, G. Perferi, M. Sciandrone, C. Anile, G. Colicchio und F. Fuggetta) "Echtzeit-Vorhersage epileptischer Anfälle mit AR-Modellen und Support Vector Machines". IEEE Trans. Biomedical Engineering, vol. 57, no. 5, 2010, S. 1124-1132, Mai 2010.

Einleitung:

Diese Arbeit befasst sich mit der Vorhersage von epileptischen Anfällen aus der Online-Analyse von EEG-Daten. Dieses Problem ist von größter Bedeutung für die Realisierung von Überwachungs-/Steuerungseinheiten, die bei medikamentenresistenten Epilepsiepatienten implantiert werden sollen. Die vorgeschlagene Lösung basiert auf einer neuartigen autoregressiven Modellierung der EEG-Zeitreihe und kombiniert einen Least-Squares-Parameterschätzer zur EEG-Merkmalextraktion mit einer Support-Vector-Machine (SVM) zur binären Klassifizierung zwischen präiktalen/iktalen und interiktalen Zuständen. Diese Wahl zeichnet sich durch geringe Rechenanforderungen aus, die mit einer Echtzeitimplementierung des Gesamtsystems vereinbar sind. Darüber hinaus zeigten experimentelle Ergebnisse auf dem Freiburger Datensatz eine korrekte Vorhersage aller Anfälle (100 % Sensitivität) und, aufgrund einer neuartigen Regularisierung des SVM-Klassifikators auf Basis des Kalman-Filters, auch eine niedrige Fehlalarmrate.

2.40[1Bashar Aubaidan, 2Masnizah Mohd und 2Mohammed Albared].
"Vergleichende Studie von K-Means und K-Means++ Clustering Algorithmen auf dem Gebiet der Kriminalität. Journal of Computer Science" 10 (7): 1197-1206, 2014. ISSN: 1549-3636.

Einleitung:

In dieser Studie werden die Ergebnisse einer experimentellen Untersuchung von zwei Dokumenten-Clustering-Techniken vorgestellt, nämlich k-means und k-means++. Insbesondere vergleichen wir die beiden Hauptansätze für das Clustering von Verbrechensdokumenten. Der Nachteil von k-means besteht darin, dass der Benutzer den Schwerpunktpunkt definieren muss. Dies ist besonders kritisch, wenn es um das Clustering von Dokumenten geht, da jeder Mittelpunkt durch ein Wort repräsentiert wird und die Berechnung des Abstands zwischen den Wörtern keine triviale Aufgabe ist. Um dieses Problem zu überwinden, wurde k-means++ eingeführt, um einen guten Anfangsmittelpunkt zu finden. Da k-means++ bisher noch nicht für das Clustering von Kriminalitätsdokumenten eingesetzt wurde, wurde in dieser Studie eine vergleichende Studie zwischen k-means und k-means++ durchgeführt, um zu untersuchen, ob der Initialisierungsprozess in k-means++ zu besseren Ergebnissen führt als k-means. Wir schlagen den k-means++ Clustering-Algorithmus vor, um den besten Seed für die anfänglichen Clusterzentren beim Clustering von Kriminalitätsdokumenten zu identifizieren. Das Ziel dieser Studie ist die Durchführung einer vergleichenden Studie von zwei Haupt-Clusteralgorithmen, nämlich k-means und k-means++. Die Methode dieser Studie umfasst eine Vorverarbeitungsphase, die wiederum Tokenisierung, Stoppwortentfernung und Stemming beinhaltet. Darüber hinaus wird der Einfluss der beiden Ähnlichkeits-/Distanzmaße (Cosinus-Ähnlichkeit und Jaccard-Koeffizient) auf die Ergebnisse der beiden Clustering-Algorithmen bewertet. Experimentelle Ergebnisse in verschiedenen Einstellungen des Kriminalitätsdatensatzes zeigten, dass k- mean++ durch die Identifizierung des besten Seeds für die anfänglichen Clusterzentren signifikant (mit einem Signifikanzintervall von 95%) besser arbeiten kann als k-means. Diese Ergebnisse zeigen die Genauigkeit des k-mean++ Clustering-Algorithmus beim Clustern von Verbrechensdokumenten.

2.41 [David Arthur und Sergei Vassilvitskii] "k-means++: Die Vorteile eines sorgfältigen Seedings".

Einleitung:

Die k-means-Methode ist eine weit verbreitete Clustering-Technik, die darauf abzielt, den durchschnittlichen quadratischen Abstand zwischen Punkten im selben Cluster zu minimieren. Obwohl sie keine Genauigkeitsgarantie bietet, sind ihre Einfachheit und Geschwindigkeit in der Praxis sehr attraktiv. Durch die Erweiterung von k-means mit einem einfachen, randomisierten Seeding-Verfahren erhalten wir einen Algorithmus, der $O(\log k)$ konkurrenzfähig mit dem optimalen Clustering ist. Experimente zeigen, dass unsere Erweiterung sowohl die Geschwindigkeit als auch die Genauigkeit von k-means verbessert, oft sogar dramatisch.Der vollständige Vergleich von k-means und k-means++ . Wir stellen fest, dass k-means++ durchweg besser abschneidet als k-means, sowohl durch das Erreichen eines niedrigeren potenziellen Wertes, in einigen Fällen um mehrere Größenordnungen, als auch durch eine schnellere Fertigstellung. Bei den synthetischen Beispielen schneidet die k-means-Methode nicht gut ab, da das zufällige Seeding unweigerlich zu einer Verschmelzung von Clustern führt und der Algorithmus nie in der Lage ist, diese zu trennen. Die sorgfältige Seeding-Methode von k-means++ vermeidet dieses Problem vollständig und erzielt bei den synthetischen Datensätzen fast immer optimale Ergebnisse. k-means und k-means++ unterscheiden sich auch bei den realen Datensätzen erheblich. Auf dem Cloud-Datensatz wird k-means++ fast doppelt so schnell beendet und erreicht dabei etwa 20 % bessere potenzielle Funktionswerte. Noch drastischer ist der Leistungsgewinn bei dem größeren Intrusion-Datensatz, bei dem der mit k-means++ ermittelte potenzielle Wert um den Faktor 10 bis 1000 besser ist und zudem um bis zu 70 % schneller erreicht wird.

2.42 [Okayama Convention Centers und Okayama, Japan] "Seeding method based on Independent Component Analysis for k-means Clustering", SCIS & ISIS 2010, Dec. 8- 12, 2010.

Einleitung:

Die k-means-Clustermethode ist aufgrund ihrer Einfachheit und Schnelligkeit eine weit verbreitete Clustermethode für das Web. Das Clustering-Ergebnis hängt jedoch stark von den gewählten anfänglichen Clustering-Zentren ab, die gleichmäßig nach dem Zufallsprinzip aus den Datenpunkten ausgewählt werden. Wir schlagen eine Seeding-Methode vor, die auf der unabhängigen Komponentenanalyse für die k-means-Clustermethode basiert. Wir bewerten die Leistung der von uns vorgeschlagenen Methode und vergleichen sie mit anderen Seeding-Methoden anhand von Benchmark-Datensätzen. Wir haben unsere vorgeschlagene Methode auf ein Web-Korpus angewandt, das von ODP bereitgestellt wird. Die Experimente zeigen, dass die normalisierte gegenseitige Information der von uns vorgeschlagenen Methode besser ist als die normalisierte gegenseitige Information der k- means Clustering Methode und der k-means++ Clustering Methode. Die Experimente zeigen, dass die normalisierte gegenseitige Information unserer vorgeschlagenen Methode besser ist als die normalisierte gegenseitige Information der k-means Clustering-Methode und der k-means++ Clustering-Methode. Daher ist die vorgeschlagene Methode für Web-Korpus nützlich.

3 FORSCHUNGSMETHODIK

3.1 BESTEHENDES SYSTEM:

In Existing System wird darauf hingewiesen, dass die Schwierigkeit bei der Erweiterung von AP im dynamischen Datenclustering darin besteht, dass die bereits vorhandenen Objekte nach der Affinitätsfortpflanzung bestimmte Beziehungen (Nicht-Null-Zuständigkeiten und Nicht-Null-Verfügbarkeiten) untereinander aufgebaut haben, während die Beziehungen zwischen neuen Objekten und anderen Objekten immer noch auf der Anfangsebene liegen (Null-Zuständigkeiten und Null-Verfügbarkeiten). Objekte, die zu unterschiedlichen Zeitpunkten hinzugefügt wurden, befinden sich in unterschiedlichen Zuständen, so dass es in diesem Fall schwierig ist, durch einfache Fortsetzung der Affinitätspropagierung eine geeignete Beispielmenge zu finden. Dieses Problem wird in einem weiteren Schritt in diesem Papier diskutiert. In dieser Forschung wurde Affinity Propagation (AP) Clustering erfolgreich in vielen Clustering-Problemen eingesetzt. Die meisten dieser Anwendungen beziehen sich jedoch auf statische Daten. In diesem Papier wird untersucht, wie AP bei inkrementellen Clustering-Problemen angewendet werden kann. Zunächst werden die Schwierigkeiten des Incremental Affinity Propagation (IAP) Clustering aufgezeigt und dann zwei Strategien zur Lösung dieser Probleme vorgeschlagen. Dementsprechend werden zwei IAP-Clustering-Algorithmen vorgeschlagen. Dabei handelt es sich um IAP-Clustering auf der Grundlage von K-Medoiden (IAPKM) und IAP-Clustering auf der Grundlage von Nearest Neighbor Assignment (IAPNA). Fünf populäre beschriftete Datensätze, Zeitreihen aus der realen Welt und ein Video werden verwendet, um die Leistung von IAPKM und IAPNA zu testen. Das traditionelle AP-Clustering wird ebenfalls implementiert, um die Leistung zu vergleichen. Die experimentellen Ergebnisse zeigen, dass IAPKM und IAPNA bei allen Datensätzen eine vergleichbare Clustering-Leistung wie das herkömmliche AP-Clustering erzielen können. Gleichzeitig wird der Zeitaufwand bei IAPKM und IAPNA drastisch reduziert. Sowohl die Effektivität als auch die Effizienz machen IAPKM und IAPNA für inkrementelle Clustering-Aufgaben gut einsetzbar.

3.1.1 Nachteile des bestehenden Systems :

1. Die Methode des Incremental Affinity Propagation Clustering (IAPC) benötigt mehr Rechenzeit
2. Die Leistung wird beeinträchtigt, wenn der inkrementelle Prozess zu oft ausgeführt wird.
3. Die durchschnittliche Genauigkeit ist bei der inkrementellen Clustermethode mit Affinitätsausbreitung gering.
4. Der Speicher und die Anzahl der Iterationen nehmen bei diesen Algorithmen zu.

3.2 VORGESCHLAGENE SYSTEM:

In der vorgeschlagenen Arbeit wird der StreamKM++-Algorithmus verwendet. Dabei handelt es sich um einen neuen Algorithmus für das k-means-Clustering im Datenstrommodell, den wir Streaming-Algorithmus nennen. Dieser Algorithmus wurde aus zwei Techniken entwickelt, nämlich dem ungleichmäßigen Sampling und dem Coreset-Baum. Die erste Technik wird verwendet, um einen einfach zu implementierenden Algorithmus zu erhalten und die Laufzeit zu verkürzen. Die zweite Technik wird verwendet, um die für das Sampling erforderliche Zeit zu verkürzen. Das Streaming-Konzept wird nur für die dynamische Art und Weise in Echtzeit-Daten ist dynamisch in der Natur wie Webseiten, Blogs, Audio-und Video, etc., die konventionelle statische Methode nicht unterstützt Echtzeit-Umgebung, sondern vorgeschlagene Algorithmus StreamKM + Algorithmus ist für weniger Rechenzeit, Speicher und Iteration verwendet. Er hat auch die durchschnittliche Genauigkeit erhöht.

3.2.1 Vorteile des vorgeschlagenen Systems:

1. Der StreamKM++-Algorithmus ist eine sehr bequeme Methode, da er die geringste Anzahl von Iterationen aufweist.
2. Der StreamKM++-Algorithmus liefert erfolgreichere Ergebnisse als der Standard-K-Means-Algorithmus.

3. Dieser Algorithmus hat die durchschnittliche Genauigkeit erhöht.

4. Die Laufzeit des StreamKM++-Algorithmus ist mit der Anzahl der Clusterzentren deutlich besser.
5. Dieser Algorithmus läuft bei größeren Datensätzen viel schneller.

3.3 AFFINITÄTSAUSBREITUNGSALGORITHMUS:

3.3.1 AP-Algorithmus

Die Affinitätsvermehrung ist ein exemplarbasiertes Clustering und einer der wichtigsten Clustering-Algorithmen. Er wird realisiert, indem zunächst einige spezielle Objekte ausgewählt werden, die als Exemplare bezeichnet werden, und dann jedes verbleibende Objekt mit dem nächstgelegenen Exemplar verknüpft wird. Das Ziel ist die Maximierung

$$z = \sum_{i=1}^{n} s(i, c_i)$$

1

Dabei bezeichnet $s(i, c_i)$ die Ähnlichkeit zwischen x_i und dem nächstgelegenen Exemplar x_{ci}. Der größte Vorteil der Exemplarmenge selbst ist die Speicherung komprimierter

Informationen des gesamten Datensatzes. Die Suche nach einer optimalen Menge von Beispielen ist jedoch im Wesentlichen ein schwieriges kombinatorisches Optimierungsproblem. Durch die Einführung einer Einschränkungsfunktion kann das Optimierungsproblem in ein uneingeschränktes Optimierungsproblem umgewandelt werden.

$$z = \sum_{i=1}^{n} s(i, c_i) + \sum_{j=1}^{n} \delta_j(c) \qquad\qquad 2$$

where $c = (c_1 c_2 \ldots c_n)$. $\delta_k(c)$ is the constraint function defined as

$$\delta_k(c) = \{-\infty, \text{ if } c_k \neq j, \text{ but } \exists c_i = c_j$$
$$0; \quad \text{otherwise}$$

A Value of $c_i = j$ for $i \neq j$ indicates that object I is assigned to a cluster with object j as its exemplar. A value of $c_j = j$ indicates that object j is an exemplar. The introduction of penalty term $\delta_k(c)$ is to avoid such a situation that object i chooses object j as its exemplar, but object j is not an exemplar at all. The Exemplar can be computed by using the given formula

$$r(i,j) \leftarrow s(i,j) - \max \{a(i,j) + s((i,j))\} \qquad\qquad 3$$

$$\scriptstyle s, s \neq s(j)$$

Availability $a(i,j)$, sent from function node δ_k to variable node ci, reflects the accumulated evidence for how well-suited it would be for point i to choose point j as its exemplar. It can be computed as follows:

$$a(i,j) \leftarrow \min \{0, r(i,j) + \sum \max \{0, r(i,j)\}\} \qquad\qquad 4$$

$$\scriptstyle s, s \in s(j)$$

Responsibility and availability updates as (3) and (4) till convergence, then the clustering result $\hat{c} = \hat{c}_1 \ldots \hat{c}_n$) can be obtained by

$$\hat{c} = \arg \max \{a(i,j) + r(i,j)\} \qquad\qquad 5$$

3.4 INKREMENTELL AFFINITÄTSAUSBREITUNG BASIEREND AUF K-MEDOIDS-ALGORITHMUS:

3.4.1 IAPKM-Algorithmus:

In diesem Abschnitt wird der inkrementelle AP-Clustering-Algorithmus nach der ersten Strategie. Als nachfolgender Clustering-Algorithmus wird K-Medoids gewählt. K-Medoids ist ebenfalls ein exemplarbasierter Clustering-Algorithmus, der bereits weit verbreitet ist. Aufgrund seiner Einfachheit sind viele dynamische Clustering-Varianten von K-Medoids vorgeschlagen worden. Der in diesem Abschnitt vorgeschlagene Algorithmus wird als Incremental AP clustering Based on K-Medoids (IAPKM) bezeichnet. Die Rationalität der Kombination von AP und K-Medoids in einer inkrementellen Clustering-Aufgabe besteht darin, dass: AP-Clustering ist gut darin, eine anfängliche Beispielmenge zu finden, während K-Medoids gut darin ist, das Clustering-

Ergebnis entsprechend der neu eintreffenden Objekte zu modifizieren. Es ist bekannt, dass ein Schlüsselproblem von K-Medoids darin besteht, wie man eine anfängliche Beispielmenge auswählt. Bei K-Medoids wird die endgültige Exemplarmenge in der Regel um die anfängliche Exemplarmenge herum gefunden. Daher hängt die endgültige Clustering-Leistung von K-Medoids weitgehend von der anfänglichen Beispielmenge ab. Dieses Problem kann jedoch durch AP-Clustering überwunden werden. AP-Clustering kann automatisch eine gute Beispielmenge finden. IAPKM besteht aus zwei grundlegenden Schritten: AP-Clustering wird für die anfängliche Objektmenge implementiert, und K-Medoids wird eingesetzt, um das aktuelle Clustering-Ergebnis entsprechend den neu eintreffenden Objekten zu modifizieren. Um K-Medoids mit AP-Clustering zu kombinieren, wird im Folgenden KMedoids in einer Message-Passing-Methode eingeführt.Algorithmus 1 präsentiert IAPKM. Das traditionelle AP-Clustering wird für den ersten Stapel von Objekten U_{t-1} implementiert, und das Clustering-Ergebnis ist c_{t-1}. Wenn ein neuer Stapel von Objekten X_t; eintrifft, ordnen Sie jedes neue Objekt den aktuellen Exemplaren zu. Erneuern Sie den verfügbaren Datensatz zu U_t und erneuern Sie den Label-Vektor c_{t-1} zu c_t. Dann wird K-Medoids implementiert, um das Clustering-Ergebnis bis zum Ende zu modifizieren.

Algorithmus:

Eingabe: U_{t-1} , c_{t-1} , X_t;

Ausgabe: c_t ;

Schritte:

1. Ordnen Sie jedes neue Objekt den aktuellen Exemplaren zu, und der Beschriftungsvektor aller neuen Objekte wird durch c angegeben$^*_{t-1}$;

2. $U_t = U_{t-1} \cup X_t$, $c_t = [c_{t-1}\ c^*]$;

3. Die Weitergabe von Nachrichten erfolgt gemäß Gleichung (6) und Gleichung (7);

4. Wiederholen Sie Schritt 3 bis zur Konvergenz, c_t wird gespeichert.

3.5 INKREMENTELLES AFFINITÄTSPROPAGATIONS-CLUSTERING AUF DER GRUNDLAGE DES ALGORITHMUS ZUR ZUWEISUNG DER NÄCHSTEN NACHBARN:

3.5.1 IAPNA-Algorithmus:

In diesem Abschnitt wird ein inkrementeller AP-Clustering-Algorithmus nach der zweiten Strategie vorgeschlagen. Die Technik der Zuweisung der nächsten Nachbarn (NA) wird verwendet, um die Beziehungen (Werte der Zuständigkeiten und Verfügbarkeiten) zwischen den neu ankommenden Objekten und den vorherigen Objekten zu konstruieren. NA bedeutet, dass die Zuständigkeiten und Verfügbarkeiten der neu eintreffenden Objekte unter Bezugnahme auf ihre nächsten Nachbarn zugewiesen werden sollten. NA wird auf der Grundlage der Tatsache vorgeschlagen, dass zwei Objekte, die sich ähnlich sind, nicht nur in dieselbe Gruppe eingeordnet werden sollten, sondern auch dieselben Beziehungen (Zuständigkeiten und Verfügbarkeiten) aufweisen. Die meisten der derzeitigen Algorithmen nutzen jedoch nur den ersten Teil. Algorithmus 2 stellt die Verfahren des Incremental AP clustering based on NA (IAPNA) vor. U_{t-1}, R_{t-1} und A_{t-1} sind der verfügbare Datensatz, die Verantwortungsmatrix bzw. die Verfügbarkeitsmatrix im vorherigen Zeitschritt. Wenn die neuen Objekte X_t ankommen, wird NA verwendet, um die Verantwortungsmatrix und die Verfügbarkeitsmatrix zu erweitern. Dann wird das Message-Passing bis zur Konvergenz fortgesetzt.

Algorithmus:

Eingabe: U_{t-1}, R_{t-1}, A_{t-1}, X_t ;
Ausgabe: R_t, A_t, c_t;
Schritte:

1. Zuweisung des nächsten Nachbarn gemäß Gleichung (8) und Gleichung (9);

2. Erweitern Sie die Zuständigkeitsmatrix R_{t-1} auf R_t, und die Verfügbarkeiten A_{t-1} auf A_t ;

3. Die Weitergabe von Nachrichten erfolgt gemäß Gleichung (3) und Gleichung (4);

4. Wiederholen Sie Schritt 3 bis zur Konvergenz, und c_t wird nach Gleichung (5) berechnet;

Ergebnis der Algorithmen mit fünf beschrifteten Datensätzen:

- Iris-Datensatz,

- Wein Datensatz ,

- Auto-Datensatz,

- Hefe Datensatz

- WDBC Datensatz.

Tabelle 3.1 Die Leistungsanalyse von AP, IAPKM und IAPNA mit fünf Datensätzen

S.Nr.	Algorithmen	Datensatz	Durchschnitt Genauigkeit	Berechnungen Zeit	Speicher Verwendung	Anzahl der Iteration
1	AP	Iris	88.67	0.025	1.215	31.00
		Weinwagen Hefe	96.07	0.041	1.768	38.00
			74.61	0.347	3.855	115.7
		WDBC	62.04	4.972	24.50	235.5
			89.28	1.173	18.69	79.00
2	IAPKM	Iris	90.04	0.002	0.167	1.283
		Weinwagen Hefe	91.25	0.002	0.271	1.112
			74.95	0.003	0.520	1.125
		WDBC	55.19	0.032	3.185	1.032
			92.65	0.087	2.697	1.101
3	IAPNA	Iris	88.54	0.015	1.215	18.15
		Weinwagen Hefe	89.19	0.017	1.769	14.80
			74.56	0.045	3.855	14.22
		WDBC	54.87	0.946	24.50	41.83
			89.82	0.295	18.69	15.56

Aus dieser Tabelle lässt sich das Ergebnis der Algorithmen AP, IAPKM und IAPNA für die fünf Datensätze in Bezug auf die durchschnittliche Genauigkeit, die Rechenzeit, den Speicherverbrauch und die Anzahl der Iterationen ableiten. Das Ergebnis des IAPKM Algorithmus hat eine gute Genauigkeit in allen Datensätzen. Um dies zu überwinden, wird der StreamKM++ Algorithmus in der vorgeschlagenen Arbeit implementiert, um ein besseres Ergebnis als IAPKM zu erzielen.

4 DURCHFÜHRUNG DER VORGESCHLAGENEN ARBEITEN

4.1 ABLAUF DES PROZESSES:

Diese Forschung befasst sich mit der Gruppierung der Datenpunkte in mehrere Cluster und sorgt dafür, dass die Ähnlichkeit zwischen den Clustern maximal und die Ähnlichkeit zwischen den Clustern minimal ist. Es besteht ein zunehmendes Interesse an der Entwicklung effizienter Clustering-Algorithmen für das Data Mining. Das vorgeschlagene System befasst sich mit der Verbesserung der Reinheit und der Verringerung der Entropie des Clustering in den meisten repräsentativen Datenproben. Im Folgenden wird der Ablauf der Forschung beschrieben.

4.1.1 Daten Beschreibung

4.1.2 Vorverarbeitung

4.1.3 StreamKM++-Algorithmus

4.1.4 Leistungsbewertung

Tabelle 4.1 Datenbeschreibung:

Datensatz	Anzahl von Objekten	Nr. der Attribute	Nr. der Kategorien	Verwendung des Datensatzes
Iris	150	4	3	Ganzes
Wein	178	13	3	Ganzes
Auto	569	30	2	Ganzes
Hefe	1728	6	4	Teilweise
WDBC	1484	8	10	Teilweise

In dieser Tabelle werden fünf beschriftete Datensätze zur Bewertung des vorgeschlagenen Algorithmus verwendet. Fünf der populärsten Datensätze werden zur Bewertung der Clustering-Algorithmen verwendet. Eine kurze Beschreibung findet sich in Tabelle 1. In den Datensätzen Auto und Hefe ist die Verteilung der Kategorien sehr unausgewogen. Eine kurze Beschreibung ist in Tabelle 1 zu finden. In den Datensätzen Auto und Hefe ist die Verteilung der Kategorien sehr unausgewogen. Da dies jedoch nicht im Mittelpunkt dieser Arbeit steht, wird nur ein Teil der beiden Datensätze verwendet. Im Datensatz Auto werden vier Kategorien von Objekten verwendet, und jede Kategorie besteht aus 65 Objekten. Der Datensatz Yeast enthält 10 Kategorien, von denen die meisten vier sind. Jede Kategorie besteht aus 163 Objekten. Alle unsere Experimente werden auf einem PC mit Intel 3.10GHz Dual-Core Prozessor und 4.00 GB Speicher durchgeführt. Jeder Datensatz ist in sechs Teile unterteilt. Der erste Teil wird als Ausgangsobjekt verwendet, und die übrigen Objekte werden fünfmal hinzugefügt. Weitere Details finden Sie in Tabelle 2. z.B. Iris, traditionelles AP-Clustering wird auf den ersten 100 Objekten implementiert, und die linken Objekte werden 10 mal hinzugefügt. Wenn neue Objekte ankommen.

4.1.2 Vorverarbeitung:

Die Vorverarbeitung von Daten ist ein wichtiger Schritt im Data-Mining-Prozess. Die Redewendung "Garbage in, garbage out" ist besonders auf Data-Mining- und maschinelle Lernprojekte anwendbar. Die Methoden der Datenerfassung werden oft nur unzureichend kontrolliert, was zu Werten außerhalb des zulässigen Bereichs (z. B. Einkommen: 100), unmöglichen Datenkombinationen (z. B. Geschlecht: männlich, schwanger: ja), fehlenden Werten usw. führt. Die Analyse von Daten, die nicht sorgfältig auf solche Probleme geprüft wurden, kann zu irreführenden Ergebnissen führen. Wenn viele irrelevante und redundante Informationen oder verrauschte und unzuverlässige Daten vorhanden sind, ist die Wissensentdeckung während der Trainingsphase schwieriger. Die Schritte zur Datenvorbereitung und -filterung können einen erheblichen Teil der Verarbeitungszeit in Anspruch nehmen. Die Datenvorverarbeitung umfasst Bereinigung, Normalisierung, Transformation, Merkmalsextraktion und -auswahl usw. Das Produkt der Datenvorverarbeitung ist der endgültige Trainingssatz. Kotsiantis et al. (2006) stellen einen gut bekannten Algorithmus für jeden Schritt der Datenvorverarbeitung vor

So öffnen Sie das Data Preprocessing Tool in Matlab:

• Wählen Sie in der grafischen Benutzeroberfläche von Control and Estimation Tools Manager den Knoten **Transient Data** unter dem Knoten **Estimation Task** und wählen Sie dann die Daten, die Sie vorverarbeiten möchten, entweder auf der Registerkarte **Input Data** oder **Output Data**. Dadurch wird die Schaltfläche **Vorverarbeitung aktiviert**.

• Klicken Sie auf **Vorverarbeitung**, um das Datenvorverarbeitungswerkzeug zu öffnen. In diesem Abschnitt ist der für die Vorverarbeitung importierte Beispieldatensatz derselbe wie im Simulink-Modell für die Motorleerlaufdrehzahl. Einen Überblick über die Erstellung von Schätzungsprojekten und den Import von Datensätzen finden Sie unter Modellanforderungen für den Datenimport und Erstellen eines Schätzungsprojekts.

Umgang mit fehlenden Daten
• Fehlende Daten entfernen
• Interpolation fehlender Daten

Fehlende Daten entfernen
• Zeilen mit fehlenden oder ausgeschlossenen Daten werden durch NaNs dargestellt. Um die Zeilen mit fehlenden oder ausgeschlossenen Daten zu entfernen, aktivieren Sie das Kontrollkästchen **Zeilen entfernen, wo** im Bereich **Behandlung fehlender Daten** der grafischen Benutzeroberfläche des Datenvorverarbeitungswerkzeugs.

• Wenn der Datensatz mehrere Spalten mit Daten enthält, wählen Sie alle aus, um Zeilen zu entfernen, in denen alle Daten ausgeschlossen sind. Wählen Sie beliebig, um eine beliebige ausgeschlossene Zelle zu entfernen. Im Fall von einspaltigen Daten sind beliebig und alle gleichwertig.

Interpolation fehlender Daten

• Bei der Interpolation werden die fehlenden Datenwerte anhand bekannter Datenwerte berechnet. Wenn Sie das Kontrollkästchen **Fehlende Werte mit Interpolationsmethode interpolieren** im Bereich **Behandlung fehlender Daten** der grafischen Benutzeroberfläche des Datenvorverarbeitungsprogramms aktivieren, interpoliert die Software die fehlenden Datenwerte.

Sie können die fehlenden Datenwerte mit einer der folgenden Interpolationsmethoden berechnen:

• Zero-order hold (zoh) füllt die fehlende Datenprobe mit dem unmittelbar vorausgehenden Datenwert auf.

• Die lineare Interpolation (Linear) füllt die fehlende Datenprobe mit dem Durchschnitt der unmittelbar vorangehenden und nachfolgenden Datenwerte auf. Standardmäßig ist die Interpolationsmethode auf zoh eingestellt. Sie können die lineare Interpolationsmethode aus der Dropdown-Liste **Fehlende Werte mit Interpolationsmethode interpolieren** auswählen.

Umgang mit Ausreißern

• Ausreißer sind Datenwerte, die um mehr als drei Standardabweichungen vom Mittelwert abweichen. Bei der Schätzung von Parametern aus Daten, die Ausreißer enthalten, sind die Ergebnisse möglicherweise nicht genau.

Um Ausreißer zu entfernen, aktivieren Sie das Kontrollkästchen **Ausreißer**, um den Ausschluss von Ausreißern zu aktivieren. Sie können die **Fensterlänge** auf eine beliebige positive ganze Zahl einstellen und Konfidenzgrenzen von 0 bis 100 % verwenden. Die Fensterlänge gibt die Anzahl der Datenpunkte an, die bei der Berechnung von Ausreißern verwendet werden. Durch das Entfernen von Ausreißern werden die Datenproben, die Ausreißer enthalten, durch NaNs ersetzt, die Sie in einem nachfolgenden Vorgang interpolieren können.

4.1.3 StreamKM++-Algorithmus:

StreamKM++ ist ein neuer k-means Clustering-Algorithmus für Datenströme. Er berechnet eine kleine gewichtete Stichprobe des Datenstroms und löst das k-means Problem auf dieser Stichprobe mit dem k-means-++ Algorithmus. Wir verwenden zwei neue Techniken. Erstens verwenden wir eine ungleichmäßige Stichprobe, ähnlich wie beim k-means++ Algorithmus. Dies führt zu einem recht einfach zu implementierenden Algorithmus und zu einer Laufzeit, die nur eine geringe Abhängigkeit von der Dimensionalität der Daten hat. Zweitens entwickeln wir eine neue Datenstruktur, den sogenannten Coreset-Baum, um die Zeit, die für die ungleichmäßige Stichprobenziehung während der Coreset-Konstruktion benötigt wird, erheblich zu beschleunigen.

Wir sind in der Lage, unseren Clustering-Algorithmus für Datenströme zu beschreiben. Zu diesem Zweck sei m ein fester Größenparameter. Zunächst extrahieren wir eine kleine

Kernmenge der Größe m aus dem Datenstrom, indem wir die Merge-and-Reduce-Technik anwenden. Jedes Mal, wenn zwei Stichproben die gleiche Anzahl von Eingabepunkten repräsentieren, nehmen wir die Vereinigung (merge) und erstellen eine neue Stichprobe (reduce).

K-means++ Algorithmus
Algorithmus k-MEANS (P, k)
1 Wählen Sie die anfänglichen Clusterzentren c_1 ....c_k gleichmäßig nach dem Zufallsprinzip P
2 **wiederholen**
3 P in k Teilmengen P_1 .....P_k unterteilen, so dass P_i , $1 \leq i \leq k$, alle Punkte enthält, deren nächster Mittelpunkt c ist$_i$
4 die derzeitige Menge von Zentren durch eine neue Menge von Zentren c_1 ..... c_k ersetzen, so dass das Zentrum c_i , $1 \leq i \leq k$, der Schwerpunkt von Pi ist
5 **bis sich** die Menge der Zentren nicht verändert hat.

Adaptiver Seeding-Algorithmus
Algorithmus AdaptiveSeeding (P, k)
1 wählen Sie ein anfängliches Zentrum c_1 gleichmäßig zufällig aus P
2 C $\leftarrow$ { c }$_1$
3 **für** i $\leftarrow$ 2 **bis** k
4 das nächste Zentrum c_i zufällig aus P wählen, wobei die Wahrscheinlichkeit jedes p ε P durch D^2 (p,C) / cost(P,C) gegeben ist
5 C $\leftarrow$ C $\cup$ {ci}

4.1.5 Leistungsbewertung:

Die Leistung der vorgeschlagenen Arbeit wird im Vergleich zu den bestehenden Ansätzen bewertet. Sie wird mit dem vorgeschlagenen Schema in Bezug auf die durchschnittliche Genauigkeit, Rechenzeit, Speichernutzung und Anzahl der Iterationen analysiert. Die experimentellen Ergebnisse zeigen, dass der StreamKM++ Algorithmus mit früheren Arbeiten vergleichbar ist, die fünf gelabelte Datensätze benötigen, um die Genauigkeit zu verbessern und die Zeit, den Speicher und die Iterationen beim Clustering zu reduzieren. In der bestehenden Arbeit wird ein traditioneller Affinitätsvermehrungs-Clustering-Algorithmus zum Clustern der Daten vorgestellt. Da der Ansatz der Affinitätsausbreitung eine geringere Genauigkeit und eine hohe Rechenzeit, Speichernutzung und Anzahl von Iterationen aufweist. Es hat sich gezeigt, dass der K-Means++ Algorithmus die beste Optimierung bietet, basierend auf dem Vergleich und den Ergebnissen der Experimente.Im Folgenden wird die Implementierung des Algorithmus mit fünf Datensätzen dargestellt und mit dem Diagramm erklärt.

4.1.5Genauigkeit des vorgeschlagenen Algorithmus (StreamKM++):

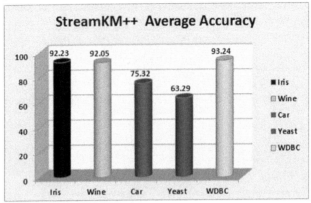

Abbildung 4.1 : Genauigkeitswerte von fünf beschrifteten Datensätzen

Dieses Diagramm zeigt die Genauigkeit des StreamKM++ Clustering-Algorithmus für die wichtigsten der fünf beliebtesten Datensätze. Die Datensätze auf der X-Achse und der Genauigkeitswert in Prozent auf der Y-Achse werden gemessen.

4.1.6Rechenzeit des vorgeschlagenen Algorithmus (StreamKM++) :

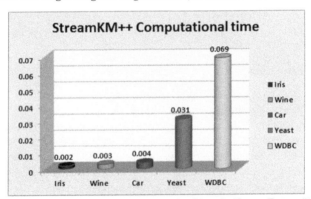

Abbildung 4.2 : Berechnungszeit von fünf beschrifteten Datensätzen

Dieses Diagramm zeigt die Rechenzeit des StreamKM++ Clustering-Algorithmus für die wichtigsten der fünf beliebtesten Datensätze. Auf der X-Achse werden die Datensätze und auf der Y-Achse die Rechenzeit in Sekunden gemessen.

4.1.7 Speichernutzung im vorgeschlagenen Algorithmus (StreamKM++):

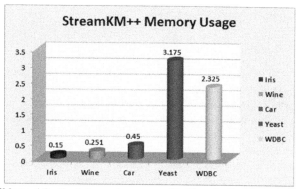

Abbildung 4.3 : Speichernutzung von fünf beschrifteten Datensätzen

Dieses Diagramm zeigt die Speichernutzung des StreamKM++ Clustering-Algorithmus für die fünf beliebtesten Datensätze. Auf der X-Achse werden die Datensätze und auf der Y-Achse die Speichernutzung in MB gemessen.

4.1.7 Anzahl der im vorgeschlagenen Algorithmus verwendeten Iterationen (StreamKM++) :

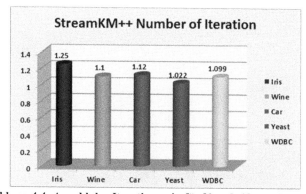

Abbildung 4.4: Anzahl der Iterationen in fünf beschrifteten Datensätzen

Dieses Diagramm zeigt die Anzahl der verwendeten Iterationen im StreamKM++-Clustering-Algorithmus für die wichtigsten der fünf beliebtesten Datensätze. Auf der X-Achse werden die Datensätze und auf der Y-Achse die Anzahl der verwendeten Iterationen gemessen.

5 ERGEBNIS UND SCHLUSSFOLGERUNGEN

5.1 INPUT DESIGN:

5.1.1 Sammeln von Daten

Die Daten stammen aus dem UCI-Repository; die fünf beliebtesten Datensätze werden zur Bewertung der Clustering-Algorithmen verwendet. In den Datensätzen Auto und Hefe ist die Verteilung der Kategorien sehr unausgewogen. Da dies jedoch nicht im Mittelpunkt der Arbeit steht, werden nur Teile der beiden Datensätze verwendet. Im Datensatz Auto werden vier Kategorien von Objekten verwendet, und jede Kategorie besteht aus 65 Objekten. Der Datensatz Yeast enthält 10 Kategorien, von denen die meisten vier sind. Jede Kategorie enthält 163 Objekte. Jeder Datensatz ist in sechs Teile unterteilt. Der erste Teil wird als Ausgangsobjekt verwendet, und die übrigen Objekte werden in fünf Schritten hinzugefügt. Weitere Einzelheiten sind in Tabelle 2 zu finden. z.B. Iris, traditionelles AP-Clustering wird auf den ersten 100 Objekten implementiert, und die restlichen Objekte werden 10 mal hinzugefügt. Wenn neue Objekte ankommen.

5.2 ERGEBNISSE:

Die folgende Implementierung von Algorithmen wird verwendet Populäre fünf beschriftete Datensätze. Sie werden in der Tabelle und im Diagramm ausführlich erläutert.

5.2.1 Durchschnittliche Genauigkeit :

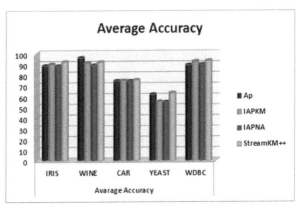

Abbildung 5.1 Die durchschnittliche Genauigkeit von AP, IAPKM, IAPNA und StreamKM++ Algorithmen

Dieses Diagramm zeigt die Genauigkeit oder Messung des Systems zwischen den Algorithmen Affinity Propagation, IAPKM, IAPNA und StreamKM++, die für die fünf beschrifteten Datensätze am wichtigsten sind. Die Datensätze auf der X-Achse und der Genauigkeitswert in Prozent auf der Y-Achse und auf der rechten Seite werden die

Algorithmen gemessen. Der Genauigkeitswert von StreamKM++ ist höher als der der anderen drei Algorithmen.

Tabelle 5.1: Die durchschnittliche Genauigkeit von AP, IAPKM, IAPNA und StreamKM++ Algorithmen

S.Nr.	Algorithmus	Datensätze	Genauigkeit
1	Ausbreitung der Affinität	Iris Weinwagen Hefe WDBC	88.67% 96.07% 74.61% 62.04% 89.29%
2	IAPKM	Iris Weinwagen Hefe WDBC	90.04% 91.25% 74.95% 55.19% 92.65%
3	IAPNA	Iris Weinwagen Hefe WDBC	88.54% 89.19% 74.56% 54.87% 89.82%
4	StromKM++	Iris Weinwagen Hefe WDBC	92.23% 92.05% 75.32% 63.29% 93.24%

5.2.2 Berechnungszeit in Sekunden :

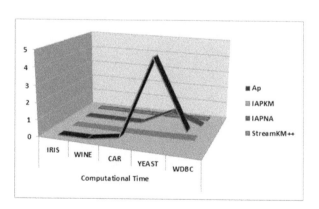

Abbildung 5.2 Die Rechenzeit der Algorithmen AP, IAPKM, IAPNA und StreamKM++

Dieses Diagramm zeigt die Genauigkeit oder Messung des Systems zwischen den Algorithmen Affinity Propagation, IAPKM, IAPNA und StreamKM++ für die fünf beschrifteten Datensätze, die am wichtigsten sind. Die Datensätze auf der X-Achse und die Rechenzeit in Sekunden auf der Y-Achse und rechts davon die Algorithmen werden gemessen. Die Berechnungszeit von StreamKM++ ist etwas besser als die der anderen drei Algorithmen.

Tabelle 5.2: Die Rechenzeiten von AP, IAPKM, IAPNA und StreamKM++ Algorithmen

S.Nr.	Algorithmus	Datensätze	Genauigkeit
1	Ausbreitung der Affinität	Iris Weinwagen Hefe WDBC	0,025 Sek. 0,041 Sek. 0,347 Sek. 4.972 Sek. 1.173 Sek.
2	IAPKM	Iris Weinwagen Hefe WDBC	0,002 Sekunden 0,002 Sekunden 0,003 Sekunden 0,032 Sekunden 0,087 Sekunden
3	IAPNA	Iris Weinwagen Hefe WDBC	0,015 Sekunden 0,017 Sekunden 0,045 Sek. 0,946 Sek. 0,295 Sek.
4	StromKM++	Iris Weinwagen Hefe WDBC	Sek. Sek. Sek. 0,031 Sek. 0,069 Sek.

5.2.3 Speichernutzung in MB :

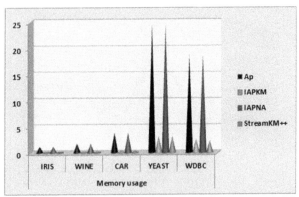

Abbildung 5.3 Der Speicherverbrauch von AP, IAPKM, IAPNA und StreamKM++ Algorithmen

Dieses Diagramm zeigt den Speicher oder die Messung des Systems zwischen den Algorithmen Affinity Propagation, IAPKM, IAPNA und StreamKM++, die für die fünf beschrifteten Datensätze am wichtigsten sind. Die Datensätze auf der X-Achse und der

58

Speicherverbrauch in MB auf der Y-Achse und rechts davon die Algorithmen werden gemessen. Die Speichernutzung von StreamKM++ ist geringer als die der anderen drei Algorithmen.

Tabelle 5.3 : Die Speichernutzung von AP, IAPKM, IAPNA und StreamKM++ Algorithmen

S.Nr.	Algorithmus	Datensätze	Genauigkeit
1	Ausbreitung der Affinität	Iris Weinwagen Hefe WDBC	1.215 MB 1.768 MB 3.855 MB 24,50 MB 18,69 MB
2	IAPKM	Iris Wein Auto Hefe WDBC	0,167 MB 0,271 MB 0,520 MB 3.185 MB 2.697 MB
3	IAPNA	Iris Weinwagen Hefe WDBC	1.215 MB 1.769 MB 3.855 MB 24,50 MB 18,69 MB
4	StromKM++	Iris Weinwagen Hefe WDBC	0,150 MB 0,251 MB 0,450 MB 3,175 MB 2.325MB

5.2.4 Anzahl der Iterationen:

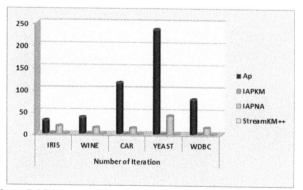

Abbildung 5.4 Die Anzahl der Iterationen von AP, IAPKM, IAPNA und StreamKM++ Algorithmen

Dieses Diagramm zeigt die Iteration oder Messung des Systems zwischen den Algorithmen Affinity Propagation, IAPKM, IAPNA und K-Means++, die für die fünf beschrifteten Datensätze am wichtigsten sind. Die Datensätze in der X-Achse und die

Anzahl der Iterationen in Werten in der Y-Achse und rechts die Algorithmen werden gemessen. Die Anzahl der Iterationen von Strea, KM++ ist geringer als bei den anderen drei Algorithmen.

Tabelle 5.4: Die Anzahl der Iterationen von AP, IAPKM, IAPNA und StreamKM++ Algorithmen

S.Nr.	Algorithmus	Datensätze	Genauigkeit
1	Ausbreitung der Affinität	Iris Weinwagen Hefe WDBC	31.00 38.00 115.7 235.5 79.00
2	IAPKM	Iris Weinwagen Hefe WDBC	1.283 1.112 1.125 1.032 1.101
3	IAPNA	Iris Weinwagen Hefe WDBC	18.15 14.80 14.22 41.83 15.56
4	StromKM++	Iris Weinwagen Hefe WDBC	1.250 1.110 1.120 1.022 1.099

6 SCHLUSSFOLGERUNG UND KÜNFTIGE ARBEITEN

Der Data-Mining-Prozess dient dazu, nützliche Informationen aus einer großen Datenbank zu extrahieren. Dazu gehören Ausreißererkennung, Klassifizierung, Clustering, Zusammenfassung und Regression. Der Clustering-Algorithmus ist eine der wichtigsten Techniken im Data Mining. Er zielt darauf ab, die Daten in Gruppen ähnlicher Objekte aufzuteilen. Dies wird als Cluster bezeichnet. Viele Forscher haben ihre Arbeit mit Clustering-Algorithmen für statische Daten durchgeführt. Aber in Echtzeit sind die Daten dynamischer Natur, wie z. B. Blogs, Webseiten, Videoüberwachung usw.,Daher ist die herkömmliche statische Technik in einer Echtzeitumgebung nicht geeignet. Diese Forschung vergleicht den StreamKM++ Algorithmus mit den bestehenden Arbeiten wie AP, IAPKM und IAPNA. Das experimentelle Ergebnis zeigt, dass der StreamKM++ Algorithmus das beste Ergebnis im Vergleich zu bestehenden Arbeiten erzielt. Er hat die durchschnittliche Genauigkeit erhöht und die Berechnungszeit, den Speicher und die Iterationen reduziert. In Zukunft können wir diesen StreamKm++ Clustering-Algorithmus in Echtzeit-Umgebung verwenden.

7. ANHANG

7.1 BILDSCHIRMFOTOS

Bildschirmfoto 7.1.1 Startseite

Screenshot 7.1.2 Offener K-Means ++ Clustering-Algorithmus

Bildschirmfoto 7.1.3 : Laden des K-Means++ Clustering-Algorithmus

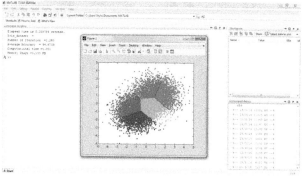

Screenshot 7.1.4: Implementierung des K-Means-Clustering-Algorithmus mit einem Iris-Datensatz

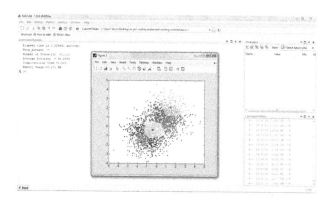

Screenshot 7.1.5: Implementierung des K-Means++ Clustering-Algorithmus mit dem Wein-Datensatz.

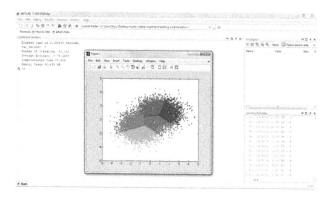

Screenshot 7.1.6 Implementierung des K-Means++-Clustering-Algorithmus mit einem Autodatensatz

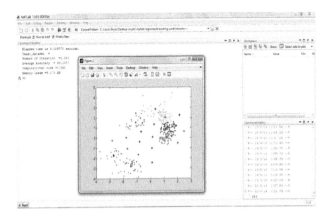

Screenshot 7.1.7 Implementierung des K-Means++ Clustering-Algorithmus mit Hefe-Daten.

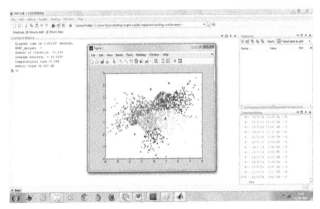

Screenshot 7.1.8 Implementierung des K-Means++ Clustering-Algorithmus mit dem WDBC-Datensatz.

LISTE DER REFERENZEN:

1. (Arun K. Pujari) "Data Mining Techniques", Universitäten, Presse (Indien) Limited 2001, ISBN81- 7371-3804.

2. [J. Han, M. Kamber, and J. Pei], "Data Mining: Concepts and Techniques", 3. Auflage, Morgan Kaufmann, 2011. S. 444.

3. [T.W. Liao] "Clustering of Time Series Data: A Survey Pattern Recognition", Bd. 38, Nr. 11, S. 1857-1874, Nov. 2005.

4. [A.K. Jain] "Data Clustering: 50 Years Beyond K-means," Pattern Recognition Letters, vol. 31, no. 8, pp. 651-666, June 2009.

5. [S. Guha, A. Meyerson, N. Mishra, R. Motwani, and L. OCallaghan], "Clustering Data Streams: Theory and Practice," IEEE Trans. Knowledge and Data Eng., vol. 15, no. 3, pp. 515-528, Mai 2003.

6. [J. Beringer und E. Hullermeier], "Online Clustering of Parallel Data Streams," Data and Knowledge Engineering, vol. 58, no. 2, pp. 180-204, Aug. 2006.

7. [A. Likas, N. Vlassis und J.J. Verbeek: "The Global k-means Clus-tering Algorithm", Pattern Recognition, Bd. 36, Nr. 2, S. 451-461, Feb. 2003.

8. [A.M. Alonso, J.R. Berrendero, A. Hernandez, A. Justel], "Time Series Clustering based on Forecast Densities," Computational Statistics and Data Analysis, vol. 51, no. 2, pp. 762-776, Nov. 2006.

9. (L. Kaufman und P. J. Rousseeuw), Finding Groups in Data: an Introduction to Cluster Analysis, John Wiley & Sons, 1990.

10. [MacQueen, J.B.]. (1967). Some Methods for Classification and Analysis of Multivariate Observations. In Proc. of 5th Berkley Symposium on Mathematical Statistics and Probability, Volume I: Statistics, S. 281-297

11. [B.J. Frey und D. Dueck], "Response to Comment on 'Clustering by Passing Messages Between Data Points'," Science, vol. 319, no. 5864, pp. 726a-726d, Feb. 2008.

12. [B.J. Frey und D. Dueck], "Clustering by Passing Messages between Data Points", Science, vol. 315, no. 5814, pp. 972-976, Feb. 2007.

13. [J. Pearl, "Fusion, Propagation und Strukturierung in Belief Net-works", Artificial Intelligence, vol. 29, no. 3, pp. 241-288, 1986.

14. (F.R. Kschischang, B.J. Frey und H.A. Loeliger), "Factor Graphs and the Sum-product Algorithm", IEEE Trans. Information Theory, vol. 47, no. 2, pp. 498-519, Feb. 2001.

15. [J.S. Yedidia, W.T. Freeman, and Y.Weiss], "Constructing Free-Energy Approximations and Generalized Belief Propagation Algo-rithms," IEEE Trans. Information Theory, Bd. 51, Nr. 7, S. 2282-2312, Juli 2005.

16. [M. Mezard], "Where Are the Exemplars," Science, vol. 315, no. 5814, pp. 949-951, Feb. 2007.

17. [H. Geng, X. Deng, and H. Ali], "A New Clustering Algorithm Using Message Passing and its Applications in Analyzing Microar-ray Data," Proc. Fourth Int'l Conf. Machine Learning and Applications (ICMLA '05), 2005.

18. [W. Hwang, Y. Cho, A. Zhang, and M. Ramanathan], "A Novel Functional Module Detection Algorithm for Protein-protein Inter-action Networks," Algorithms for Molecular Biology, vol. 1, no. 1, pp. 1-24, Dec. 2006.

19. [X. Zhang, C. Furtlehner, and M. Sebag], "Frugal and Online Affinity Propagation," Proc. Conf. francophone sure l'Apprentissage (CAP '08), 2008.

20. [L. Ott und F. Ramos], "Unsupervised Incremental Learning for Long-term Autonomy," Proc. 2012 IEEE Int. Conf. Robotics and Automation (ICRA '12), S. 4022-4029, Mai 2012,

21. [X.H. Shi, R.C. Guan, L.P. Wang, Z.L. Pei, and Y.C. Liang], "An Incremental Affinity Propagation Algorithm and Its Applications for Text Clustering," Proc. Int'l Joint Conf. Neural Networks (IJCNN '09), S. 2914-2919, Juni 2009.

22. [C. Yang, L. Bruzzone, R.C. Guan, L. Lu, and Y.C. Liang], "Incre-mental and Decremental Affinity Propagation for Semisupervised Clustering in Multispectral Images," IEEE Trans. Geosci. and Remote Sens., vol. 51, no. 3, pp. 1666-1679, Mar.2013.

23. [C.C. Aggarwal, J. Han, J. Wang, and P.S. Yu], A Framework for Clustering Evolving Data Streams, Proc. 29th Int'l Conf. Very Large Data Bases (VLDB '03), pp. 81-92, 2003.

24. [D. Chakrabarti, R. Kumar, and A. Tomkins], "Evolutionary Clus-tering," Proc. Knowledge Discovery and Data Mining (KDD '06), pp. 554-560, Aug. 2006.

25. [M. Charikar, C. Chekuri, T. Feder, R. Motwani], "Incremental Clustering and Dynamic Information Retrieval," Proc. ACM Symp. Theory of Computing (STOC '97), S. 626-635, 1997.

26. [A.M. Bagirov, J. Ugon, and D. Webb], "Fast Modified Global k-means Algorithm for Incremental Cluster Construction," Pattern Recognition, vol. 44, no. 4, pp. 866- 876, Nov. 2011.

27. [C. Du, J. Yang, Q. Wu, and T. Zhang], "Face Recognition Using Message Passing based Clustering Method," Journal of Visual Com-munication[and Image Representation, Vol. 20, no. 8, pp. 608-613, Nov. 2009.

28. [J. Zhang, X. Tuo, Z. Yuan, W. Liao, and H. Chen], "Analysis of fMRI Data Using an Integrated Principal Component Analysis and Supervised Affinity Propagation Clustering Approach," IEEE Trans. Biomedical Eng., vol. 58, no. 11, pp. 3184-3196, Nov. 2011.

29. [Y. He, Q. Chen, X. Wang, R. Xu, X. Bai, and X. Meng], "An Adaptive Affinity Propagation Document Clustering," Proc. the 7th Int'l Conf. Informatics and Systems (INFOS '10), S. 1-7, März 2010.

30. [H. Ma, X. Fan, J. Chen], "An Incremental Chinese Text Classifica-tion Algorithm

based on Quick Clustering," Proc. 2008 International Symposiums on Information Processing (ISIP '08), pp. 308-312, May 2008.

31. [New Incremental Fuzzy Medoids Clustering Algo-rithms," Proc. 2010 Annual Meeting of the North American on Fuzzy Information Processing Society (NAFIPS '10), pp. 1-6, July 2010.

32. (R. Xu und D. Wunsch), "Survey of Clustering Algorithms", IEEE Trans. Neural Networks, vol. 16, no. 3, pp. 645-677, Mai 2005.

33. [N.X. Vinh und J. Bailey], "Information Theoretic Measures for Clusterings Comparision: Is a Correction for Chance Necessary,".

34. Proc. 26th Int'l Conf. Machine Learning (ICML '09), 2009.

35. http://archive.ics.uci.edu/ml/

36. [L. Chisci, A. Mavino, G. Perferi, M. Sciandrone, C. Anile, G. Colicchio, and F. Fuggetta], "Real-Time Epileptic Seizure Prediction Using AR Models and Support Vector Machines," IEEE Trans. Biomedical Engineering, vol. 57, no. 5, 2010, pp. 1124-1132, Mai 2010.

37. [Parvesh Kumar, Siri Krishan war ein]. "Analyse von k-mean-basierten Algorithmen": IJCSNS international journal of computer science and network security" vol .10 no.4 April 2010.

38. (Bashar Aubaidan, Masnizah Mohd und Mohammed Albared). "comparative study of K-means and K-mean++ clustering algorithms on crime domain" Journal of computer science 10(7):1197-1206, 2014.ISSN:1549-3636.

39. [Qinper zhao und pasi frantic], senior member, IEEE" "centroid ratio for a pairwise random swap clustering algorithm". IEEE transaction on knowledge and data engineering", vol 26, no.5, may 2014.

40. [Yangtao wang, lihui chen, senior member "incremental fuzzy clustering with multiple medoids for large data", IEEE transaction on fuzzy system 2014.

41. [David Arthur und Sergei Vassilvitskii:] "K-means++: The advantages of careful seeding", Proceedings of the eighteenth annual ACM-SIAM symposium on Discrete algorithms. pp. 1027-1035, 2007

42. [Parvesh Kumar, Siri Krishan Wasan], "Comparative Analysis of k-mean Based Algorithms", IJCSNS International Journal of Computer Science and Network Security, VOL.10 No.4, April 2010 314.

43. [Margaret H. Dunham und S. Sridharz]"Data Mining Introductory and Advanced Topics" Dorling Kindersley (India) Pvt. Ltd, 2006.

44. [Lai, J.Z.C.[Jim Z.C.], Liaw, Y.C.[Yi-Ching], "Improvement of the k-means clustering filtering algorithm", PR(41),No.12, December2008.

45. [Hui Li, Sourav S. Bhowmick, and Aixin Sun], "Blog Cascade Affinity: Analyse und Vorhersage "portal.acm.org/ft_gateway.

46. (Federico Ambrogi, Elena Raimondi, Daniele Soria, Patrizia Boracchi und Elia Biganzoli1) "Krebsprofile durch Affinitätsausbreitung University of Nottingham", School of Computer Science, Jubilee Campus, Wollaton Road, Nottingham, NG8 1BB.

LISTE DER KONFERENZEN

1. S. Shylaja, S. Ranjitha Kumari, "A comparative Study on clustering techniques in Data mining" National Conference on Computer communication and informatics.
2. S. Shylaja, S. Ranjitha Kumari, "A survey on clustering technique in Data mining" National Conference on cyber security.
3. S. Shylaja, S. Ranjitha Kumari, "A Comparative analysis of clustering algorithms applied on sample data set" National Conference on network, communication & computing.
4. S. Shylaja, S. Ranjitha Kumari, "A Comparison of various clustering algorithm for ZOO data set" (Vergleich verschiedener Clustering-Algorithmen für den ZOO-Datensatz), Internationale Konferenz für Informations- und Bildverarbeitung.

LISTE DER BETEILIGUNGEN:

5. S. Shylaja hat an dem vom Sri Eshwar College of Engineering durchgeführten Seminar über Forschungsprozesse auf nationaler Ebene teilgenommen.
6. S. Shylaja hat an einem Forschungskolloquium teilgenommen, das von der Erode Builder Educational Trust's Group of Institutions organisiert wurde.
7. S. Shylaja hat an einem zweitägigen nationalen Workshop zum WEKA-Tool am Kongu Arts and Science College teilgenommen.

*S. **Shylaja** ist jetzt ein M.Phil. Forschungsstipendiatin am Rathnavel Subramaniam College of Arts and Science, das der Bharathiar University angegliedert ist. Sie erhielt ihren B.Sc. (CS) Abschluss am Angappa College of Arts and Science. Malumichampatti, Coimbatore im Jahr 2011, und schloss den M.Sc. (CS) am Government Arts and Science College ab, das der Bharathiar University angegliedert ist. Coimbatore im Jahr 2013. Ihre Spezialisierung ist Data Mining.*

Frau S. Ranjitha Kumari ist Assistenzprofessorin am Rathnavel Subramaniam College of Arts and Science, das der Bharathiyar University angegliedert ist. Sie hat mehr als neun Jahre Lehrerfahrung. Ihre Interessengebiete sind Netzwerksicherheit und maschinelles Lernen. Sie hat sechs M.Phil-Stipendiaten erfolgreich ausgebildet und drei Stipendiaten der Bharathiar University betreut.

INHALTSVERZEICHNIS

Books!

I want morebooks!

Buy your books fast and straightforward online - at one of world's fastest growing online book stores! Environmentally sound due to Print-on-Demand technologies.

Buy your books online at
www.morebooks.shop

Kaufen Sie Ihre Bücher schnell und unkompliziert online – auf einer der am schnellsten wachsenden Buchhandelsplattformen weltweit! Dank Print-On-Demand umwelt- und ressourcenschonend produzi ert.

Bücher schneller online kaufen
www.morebooks.shop

info@omniscriptum.com
www.omniscriptum.com

Milton Keynes UK
Ingram Content Group UK Ltd.
UKHW010712280324
440307UK00001B/87